Mongolia
Reisebuch
einer
Malerin

Waltraut Fischer

MONGOLIA
Land der Gräser

Buchverlag
Der Morgen
Berlin

ISBN 3-371-00018-4

Ich grüße dich, blauer Himmel, sei mir willkommen, eisiger Wind! Jetzt sind die Ängste, daß meine Reise noch in letzter Minute in das berühmte «Wasser» fallen könnte, ausgestanden. Lachend und winkend drängen sich zwei Bekannte durch die Menschentraube auf dem Flughafen, um mich zu begrüßen. Die Pelzmützen haben sie tief über die Ohren gezogen, Mund und Nasenspitze stecken unter einem Wollschal. Nur ihre schwarzen Augen sind zu sehen. Es ist ein Tag Ende Januar, der Himmel wolkenlos und blau wie zur Sommerzeit. Wenig Schnee liegt auf den Bergen. Meine Bekannten sind mit einem Jeep die achtzehn Kilometer aus der Stadt herausgekommen. Ich muß mich nicht um ein Taxi oder um den Linienbus kümmern. Der Weg nach Ulan-Bator führt über graubraune Hügel. Schafe mit dichtem Fell suchen nach trockenen Halmen am Straßenrand. Hier und da stehen frierende Pferde, aneinandergedrängt versuchen sie sich zu wärmen. Der Autoverkehr stört sie nicht.

Ein Mann kommt auf das Auto zugelaufen und winkt. Er weist hinunter auf die Stadt, die unter einem weißlichen Dunstschleier liegt, und bittet, ihn bis zur

Hauptpost mitzunehmen. Schweigend fahren wir in das Tal hinunter. An der Stadtgrenze passieren wir das weiße Tor, daß die Straße überspannt. Dahinter, auf hohe Werbefläche gemalt, begrüßen lächelnde Mongolinnen die Besucher Ulan-Bators. Von hier aus läßt sich die Stadt überblicken. Im Zentrum ragen moderne Hochhäuser auf, öffnen sich weite Plätze, wie ein Kranz säumen traditionelle Jurtensiedlungen die Stadt. Von den Industriegeländen steigt Rauch auf. Der Mann, der sich neben mich gesetzt hat, mustert mich und meine Koffer verstohlen. Plötzlich sagt er in gebrochenem Russisch: Sehen Sie dort unten den Suchbaatar-Platz? Dort ist die Hauptpost, da muß ich hin. Ich nicke ihm zu. Nach einer Weile beginnt er wieder: Das große Gebäude da ist der Regierungspalast. An seiner Seite steht das Theater, daneben das Interhotel, sehen Sie? Er nimmt sicher an, daß mich der Kraftfahrer dorthin bringen soll. Dann weist der Mann bedächtig mit seinem Finger nach rechts, darauf nach links, erklärt dabei: Universität. Staatsbibliothek. Revolutionsmuseum. Und dort links ist unser größtes Neubaugebiet. Sehen Sie die hellen Häuser und dahinter die Kräne. Unser Kraftfahrer fällt ihm ins Wort: Das kennt sie doch alles! Sie war schon oft hier. Außerdem können Sie mongolisch reden, sie versteht unsere Sprache.

Der Mann verstummt, und ich wende vermittelnd ein, daß ich bisher Ulan-Bator nur in der warmen Jahreszeit erlebt habe, als Feriengast, häufiger war ich auf dem Lande. Jetzt ist mein Koffer vollgestopft mit Farben und Pinseln. Ich bin Malerin. Der Mann nickt. Auf dem Lande ist es schön, stimmt er zu. Er sei selbst erst vor drei Jahren mit seiner Jurte in die Stadt gezogen. Nun hoffe er, bald seine Hauswände aus Filz gegen Wohnungswände aus Stein, den kleinen Eisenblechofen gegen die Zentralheizung eintauschen zu können.

Glücklich und müde lehne ich in den harten Polstern des Autos und blicke mich um. Jetzt im Winter pusten die aus weißen Jurtendächern herausragenden Ofenrohre graue Wölkchen in die frostklirrende Luft. Ich taste nach meinen Papieren. Er ist noch da, der Paß für ein Jahr Mongolei. Auf meinen früheren Touristenreisen hatte ich wenig Gelegenheit, die Menschen näher kennenzulernen, aber die Stille der Landschaft, ihre Unberührtheit, ihre Farben und Strukturen hatten auf mich mit unerwarteter Heftigkeit gewirkt, und der Anblick der Jurten hatte in mir den Wunsch geweckt, durch die niedrige Tür zu treten und den mongolischen Gruß an die freundlichen Menschen zu richten: Sain baizgaana uu? Geht es Ihnen gut?

Ich hatte mir fest vorgenommen, noch einmal allein dorthin zu reisen. Gleich nach der Rückkehr wollte ich ein Sprachstudium aufnehmen. Das war schon ein Problem für sich, denn Mongolisch-Lehrgänge gab es nicht. So lernte ich das Notwendigste aus zusammengeborgten Büchern. In der Zeit machte ich in Berlin die Bekanntschaft eines mongolischen Lehrers, der mich in die Familie seines Freundes einführte, mit dem mich bald eine herzliche Freundschaft verband. Von seiner Familie wurde ich mehrmals in die Mongolei eingeladen. Aber die Besuchszeit war immer zu knapp, um Pinsel und Farben ausgiebig zu benutzen. Ich wollte mich mit den flüchtigen Eindrücken eines Durchreisenden nicht begnügen, sondern wollte ein wenig seßhaft werden und dadurch zu Mensch und Natur eine Beziehung finden. Innerhalb eines Jahres müßte das zu schaffen sein. Einen ausführlichen Brief schickte ich nach Ulan-Bator zum dortigen Künstlerverband. Im Plan sei kein Gast vermerkt, also sei dafür auch kein Geld da, hieß es als Antwort. Ich versicherte, als Außerplanmäßiger dem Land keinerlei Kosten zu verursachen, die wolle ich auf mich nehmen. Dann sei es schon möglich zu kommen, wenn mich mein Verband schicken würde. Aber mein Verband schickte mich nicht. Ich habe weder Titel noch einen klingenden Namen, ich habe nur meine große Zuneigung zu diesem Land, und gerade deshalb wollte ich nicht aufgeben. Nach ungezählten vergeblichen Bitten und Anfragen schrieb ich an die Abteilung Kultur des Zentralkomitees und bat um Unterstützung meines Vorhabens. Es kam umgehend zu einem Gespräch, und ich erhielt den Reisepaß für ein Jahr. Einen letzten Brief schickte ich nach Asien: Freunde, ich komme! Ich brauche einen Tisch, einen Stuhl und ein Bett. Könnt ihr mir helfen?

Der Jeep hält hinter der Universität vor einem Studentenheim. Meine Freunde haben sich viel Mühe gegeben; ich bekomme, worum ich sie gebeten habe. In der Gästeetage erhalte ich ein kleines Zimmer: ein Bett, einen Tisch, zwei Stühle, einen Kleiderschrank mit Spiegel, ein niedriges Schränkchen für Lebensmittel. Vorerst darf ich hier allein wohnen. Wenn mehr Gäste eintreffen, bekomme ich Einquartierung.

Am Ende des Flures ist die Küche mit zwei elektrischen Kochplatten. Der große Kühlschrank steht allen

Abend am Berg

Bewohnern zur Verfügung. Es gibt fließend kaltes Wasser, manchmal auch heißes. Im Waschraum sind sechs Waschbecken, hinter einer Trennwand die Toiletten. Jemand hat quer vor das Fenster eine Wäscheleine gespannt, auf der ein roter Trainingsanzug trocknet. Die Fensterscheiben sind mit Eisblumen bedeckt. Draußen sind zweiunddreißig Grad Kälte.

Auf den grünen Ölfarbensockel in meinem Zimmer klebe ich vorsichtig mit Heftpflaster ein großes buntes Kalenderblatt, und in das kleine Schränkchen packe ich meine drei wichtigsten Dinge: Malerutensilien, die Reiseapotheke und das Werkzeugkästchen. Den Schrank dekoriere ich noch mit den Abschiedsgeschenken meiner Freunde aus der Heimat, dem daumennagelgroßen Messingbehälter für Weihrauch, dem Lippenstift in der Farbe Bengale und ein Paar Wollkniestrümpfen, an die jede einzelne Zehe mit andersfarbiger Wolle angehäkelt ist. Jetzt bin ich angekommen.

Am ersten Abend klopft ein kleiner dicker Mann an meine Tür. Ein Schwall von russischen Wörtern geht auf mich nieder. Weil ich fast nichts verstehe, schiebt er mich entschlossen beiseite, geht zum Tisch, sucht hastig zwischen meinen Zetteln und hebt erfreut den Radiergummi hoch. Den brauche er bis morgen. Er zeigt auf seine Brust, verbeugt sich knapp und sagt: Maxim, Nowosibirsk. Dann tippt er an die Wand, macht zur Unterstützung seiner Rede die Geste des Schreibens, sagt buchstabierend: Dissertazija. Mein rechter Zimmernachbar also.

Meine linken Nachbarn lerne ich im Waschraum kennen. Weil weder ein Haken noch ein Nagel in der

Wand ist, um das Handtuch anzuhängen, klebe ich sechs orangefarbene Plastehäkchen aus Berlin auf die weißen Fliesen, neben jedes Waschbecken eins. Zwei ältere Mongolen kommen herein, Seife und Zahnbürste in den Händen. Das sei eine gute Idee, meint einer lachend und befragt mich sogleich nach Beruf, Heimat, Alter. Der gesprächige Mongole heißt Sarangerel, das heißt Mondlicht. Sein Zuhause ist die Wüste Gobi, er ist Ingenieur für Wasserwirtschaft, hat sieben Kinder. Sein Zimmergefährte kommt aus den östlichen Steppen, hat den gleichen Beruf und heißt Bat-Tschuluun, das bedeutet Fester Stein. Er ist froh, daß die Konsultation in der Hauptstadt zu Ende geht, er hat Sehnsucht nach den Seinen, den zehn Kindern.

Ich überlege, was ich zuerst erledigen muß. Ich bin hier ganz auf mich gestellt. Deshalb werde ich zum Künstlerverband gehen und fragen, ob ich von dort Rat und Unterstützung bekomme, wenn ich auf das Land ziehe. Bis die große Kälte vorüber ist, werde ich in der Stadt bleiben und meine Kenntnisse über die Mongolei bereichern. Im Freien zu malen ist noch nicht möglich, es ist zu kalt. Die Zeit wird mir nicht lang werden, aber die Abende werden still sein. Kein Radio, kein Fernsehapparat, keine vertraute Freundin, die für ein halbes Stündchen mit irgendwelchen Fragen kommt, nichts Wichtiges, aber Grund genug, um beieinander zu sitzen.

Langweilen werden Sie sich! Das prophezeit mir die Pförtnerin, als ich mich in die Zimmerliste eintrage. Sie kommen aus Europa? Dort ist das Leben anders, da ist immer etwas los! Während ich ihr von meiner Absicht erzähle, recht bald hinaus auf das Land zu gehen, fragt sie spöttisch: Was, aufs Land wollen Sie? Können Sie denn Pferde melken, Schafe hüten, Kamelkäse machen?

Bei jeder Frage schüttle ich den Kopf. Aber mein Argument stellt sie dann doch zufrieden: Ich bin nicht als Delegierte einer Institution gekommen, sondern auf eigenen Wunsch. Um hier malen zu können, habe ich zu Hause beharrlich Geld gespart. Aber es ist zuwenig, um lange in der Hauptstadt zu wohnen. Für die bescheidene Unterkunft, für die ich monatlich fünfhundert Mark auf den Tisch des Studentenheimverwalters legen muß, reicht gerade der Studienreisezuschuß, der mir in letzter Minute aus Mitteln des Kulturfonds bewilligt worden war. Während ich das stockend erkläre, schaut die Pförtnerin in meinem Reisepaß nach dem Geburtsdatum. Sie stellt fest, daß sie die Ältere von uns beiden ist. Ein wenig wärmer ist ihr Ton, als sie mich verabschiedet: Sage mir Bescheid, wenn du aufs Land fahren willst. Ich möchte dir für die Reise ein paar nützliche Hinweise geben. Willst du?

Ein paar Schneeflocken tanzen vor dem Fenster. Es zieht mich hinaus auf die Straße. Studenten in kleinen Gruppen stehen vor der Tür und führen temperamentvoll ihre Gespräche, obwohl die Kälte in die Nasen zwickt. Zu jeder Zeit begegne ich ihnen. Oft höre ich im Vorbeigehen ihre Fragen: Wer ist denn das? Ein Mann oder eine Frau? Ein Russe sicherlich. In meinem viel zu langen Mantel, die Mütze tief in die Stirn gezogen, ist es wahrlich schwer, nur an der Nasenspitze den Mann oder die Frau zu erkennen. Da ist es bei den Studenten anders. Noch viele Mädchen haben lange, schwarze Zöpfe, die unter den Mützen aus edlem Pelzwerk hervorschauen. Silberfuchs und Manul scheinen dabei die kostbarsten Felle zu sein, Steppenfuchs und Murmeltier in vielen Farbnuancen, natur und gefärbt, gibt es dafür am meisten. Auch sah ich noch keine Studentin aus unserem Wohnheim in flachen Schuhen. Alle tragen sie Stiefel mit hohen Absätzen. Einigen jungen Damen ist die Anstrengung, mit ihnen nicht umzuknicken, anzusehen. Auch sie werden bald durch die Straßen eilen, als Landmädchen nur noch an den langen Schritten erkennbar. Die Mäntel, die die

Mädchen tragen, variieren in dunkelbunten Farben. Die Stoffe haben eine gute Qualität, die Schnitte sind einfach, modische Details fehlen. Ebenso ist es bei den jungen Männern. Sie würden viel lieber rote gesteppte Kutten tragen oder weiße Wildlederjacken mit Nylonfutter, wie sie es in ausländischen Filmen sehen. Aber mir gefallen die Burschen in ihren strenggeschnittenen klassischen Mänteln aus dickem Wollstoff gut.

Bevor ich die Straße überquere, schaue ich zurück zum Wohnheim. Verschieden große Säcke sind außen an die Fenster gebunden. Aus einem Sack ragt ein Ziegenbein heraus, aus einem anderen ein Stück von einem Schafschulterblatt. Die niedrigen Außentemperaturen übertreffen die besten Kühlschränke. Bi machand jawaad irsen. Ich war weg, um Fleisch zu holen. Diesen Satz höre ich öfter. Viele Studenten werden von ihren Angehörigen, die auf dem Lande leben, mit Fleisch versorgt. Meist ziehen zwei oder drei Studenten gemeinsam hinaus, denn sie transportieren das Fleisch in Säcken oder in Koffern in die Stadt. Wenn der Omnibus vom Flughafen an der Pädagogischen Hochschule hält, sehe ich manchmal Mädchen mit einem so schweren Koffer herausklettern, daß sie ihn bis zum Studentenwohnheim Meter für Meter hinter sich herziehen müssen. Dann stehen abends die Kochplatten auf den Tischen, und während Nudeln und Fleisch im Topf kochen, erzählen sie sich Neuigkeiten von zu Hause. Das von der Freundin geborgte Stück Schaffleisch kann endlich zurückgegeben werden, und wenn der lustige Student von gegenüber noch mit einem Fläschen Wodka hereinkommt, dann sind die Strapazen von unterwegs vergessen. So gibt es am Montag in diesem Zimmer einen Grund zum Lachen, am Dienstag im Zimmer darüber, am Mittwoch nebenan, am Donnerstag ...

Innerhalb eines Monats werde ich sämtliche Schlaftabletten verbraucht haben, die für ein ganzes Jahr gedacht sind. Das ist mein persönliches Problem, schon schwache Geräusche stören mich im Schlaf. An die Wohnheimordnung hält sich anscheinend niemand. Ich habe auch noch keine Person bemerkt, die die Einhaltung der Nachtruhe ab zweiundzwanzig Uhr kontrolliert hätte. Ich leide unter diesem Lärm, der bis in die Nacht hinein anhält. Mein Nachbar Maxim aus Nowosibirsk ist gestern in ein frei gewordenes Zimmer am Ende des Flures gezogen. Dort sei der Lärm geringer, meinte er, und ich ärgere mich, daß ich nicht vor ihm auf diese Idee gekommen bin.

Langsam spaziere ich zu dem Denkmal Suchbaatars, zu dessen Füßen steinerne Bänke stehen und steinerne Löwen Ketten im Maul halten. Sie sollen die Besucher hindern, im Sommer auf die Blumen zu treten.

Auf diesem Platz hatte 1921 Suchbaatar den Sieg der Volksrevolution ausgerufen, für die er als Partisan und Führer gekämpft hatte. Deshalb steht hier sein Denkmal. Nur anderthalb Jahre waren ihm vergönnt, für ein neues Leben in seinem Lande zu wirken, da starb er, knapp dreißigjährig, vermutlich an einer Lungenentzündung. Im darauffolgenden Jahr, im November 1924, wurde aus der Äußeren Mongolei die Mongolische Volksrepublik, wurde die erste Verfassung angenommen.

Hinter dem Platz steht ein quadratischer Neubau. Das ist das Revolutionsmuseum. Schriftdokumente gibt es reichlich, der ausländische Besucher steht ein wenig hilflos davor. Da liegen sie unter Glas, mit alter Schrift beschriebene Blätter, Hefte, Ausweise, erste Zeitungen. Wieviel mehr von den Schicksalen würde ich begreifen, könnte ich die alten Buchstaben lesen. So muß ich mich vorerst mit den Exponatenschildern zufriedengeben. Dafür schaue ich mir die Fotos genauer an. Sie erzählen von Tragödien und Siegen, von Feinden und Freunden und besonders von denen, die als Partisanen gegen die chinesischen Okkupanten und gegen die weißgardistischen Truppen des Barons von Ungern-Sternberg zur Zeit der Autonomie gekämpft haben. Auch der jugendliche Führer Suchbaatar ist einer von ihnen.

Ein Foto erschüttert mich besonders. Auf einem Hof steht eine Holzkiste, in der ein Mann hockt. Durch ein ausgesägtes Loch streckt er beide Hände. Mit spöttischem Grinsen schaut der Baron von Ungern-Sternberg, der neben der Kiste steht, in den Fotoapparat. Später las ich die Aussage eines Zeitgenossen, daß ebendieser Baron 1920 in die Mongolei eingefallen war, und zwar unter dem Vorwand, die Mongolen von der fast zweihundertjährigen chinesischen Vorherrschaft zu befreien. Dort ging er grausam gegen die Bevölkerung vor. So nahm er einen unschuldigen Schuster gefangen, ließ ihn in solch eine Kiste sperren und seine Hände täglich mit kaltem Wasser begießen. Weil es Winter war, gefroren sie zu Eis, und der Schuster krümmte sich vor Schmerz. Der Baron schlug ihm auf die Hände. Sie sollen wie Glas abgebrochen sein.

Obwohl es im Museum warm ist, friere ich. Langsam gehe ich durch die hohe Glastür hinaus und wende mich wieder zum Suchbaatar-Platz. Im frischen Schnee ist eine Fußspur. Sie führt um das Denkmal im Uhrzeigersystem herum. Ein uralter Brauch, verehrungswürdige Personen oder Gegenstände zu umschreiten und ihnen dabei immer die rechte, die richtige Seite achtungsvoll zuzuwenden. Aber nur die Älteren halten noch an dieser Geste fest. Ich warte ein wenig in der Nähe, um zu sehen, ob die Spuren zunehmen. Von weitem höre ich Lachen und Rufen. Kleine Mädchen mit Schulmappen hasten heran und überqueren eilig den Platz. Sie haben keine Zeit, aufzublicken. Mit ihren kleinen Füßen haben sie einen breiten Weg in die Schneedecke gedrückt, der sich am anderen Ende des Platzes in den dunklen Spuren der Hauptstraße verliert.

Auf meinem Heimweg überlege ich, wie ich unbemerkt in das Studentenheim gelangen kann. Aber es gibt nur einen Eingang. Zu meiner Verwunderung ist die Außentreppe leer, auch die lange Holzbank auf dem Fußweg ist verwaist. Sie sitzen wohl auf ihren Schulbänken, die Studenten, lernen ihre Lektionen und kommen erst spät zurück.

Nur ein Mädchen steht in der Tür. Als sie mich kommen sieht, läuft sie heraus auf die Treppe. Da scheint sie zu bemerken, daß ich Ausländerin bin, denn sie wendet sich gleich wieder dem Eingang zu. Dort steht ein Koffer. Der Henkel ist abgerissen. Auch die Pförtnerin ist nicht da. Ich frage sie, wohin sie möchte, ob ich die Pförtnerin suchen soll. Ich bin heute ein Pechvogel, sagt das Mädchen, erst reißt mir der Henkel ab, und dann ist meine Freundin nicht da, die mir ihren Koffer leihen sollte. Ich biete meine Hilfe an. Sie wehrt verlegen ab, aber ich renne schon hinauf in mein Zimmer und hole festen Bindfaden. Ich heiße Gerel, stellt sie sich dann vor. Sie hat lustige Augen. Mit einer energischen Kopfbewegung schleudert sie ihren Zopf nach hinten, und dann ziehen und zurren wir den Bindfaden so lange um den Koffer, bis er fest umschnürt ist und zwei Henkel hat. Gerel studiert Pädagogik, ist im letzten Studienjahr. Nun ist sie in die Hauptstadt geschickt worden, um von der Staatsbibliothek einen Koffer voller Bücher abzuholen, der für ihre Lehrerhochschule dort bereitstand. Sie hat wenig Zeit, sie muß heute noch zurück nach Zezerleg fliegen. Ich helfe ihr, die Bücherlast bis zum Omnibus zu tragen, der hinaus zum Flughafen fährt. An der Haltestelle warten schon viele Leute. Als der Bus kommt, werden wir beide samt Koffer hineingedrängt, und ehe ich wieder hinausklettern kann, fährt er schon los. Im überfüllten Bus stehen wir nebeneinander, und sie erzählt mir, daß sie im Herbst schon selbst Kinder unterrichten wird. Darauf freut sie sich. Ihre Familie wohnt auf dem Lande, dort will sie auch bleiben und eine tüchtige Lehrerin werden. Und wenn sie Glück hat, wird sie in einer der neuen Schulen eingesetzt, die im letzten Jahr im Bezirk gebaut wurden. Bevor wir uns am Flughafen verabschieden, lädt sie mich für ein paar Tage zu ihren Eltern ein. Und in Großmutters Jurte sei immer Platz für einen Gast. Schreiben Sie aber rechtzeitig, mahnt Gerel, damit ich Sie vom Flughafen abholen kann. Denn allein finden Sie uns nicht.

In meinem Zimmer angekommen, schreibe ich die Adresse des Mädchens in meinen Wandkalender, wickle mich in eine Decke und warte, bis sich meine Glieder wieder erwärmt haben. An diesem Abend ist es still im Haus. Später gehe ich hinuter zur Pförtnerin. Ich will mich erkundigen, an welchen Tagen saubere Handtücher ausgegeben werden.

In der ersten Etage ist im Gemeinschaftsraum noch Licht. Wortfetzen und Liedtöne dringen heraus auf den dunklen Flur. Ich blinzle durch den Türspalt. Studenten sitzen auf dem Fußboden, in ihrer Mitte ist ein Mann in bunten Kleidern. Er singt Volksweisen. Oder sind es eigene Lieder? Eine so schöne Stimme habe ich noch nicht gehört. Dieser Jüngling, ist er ein moderner Rhapsode?

Ein Mädchen kommt heraus und will schnell an mir vorbei. Ich halte sie an. Warte bitte! Wer ist der Mann da? Ach, der kommt vom Lande, sagt sie unwillig. Na und? frage ich. Nichts weiter. Er ist zufällig vorbeigekommen. Ich muß jetzt weg! Das Mädchen drückt die Tür mit Nachdruck ins Schloß. Ich habe begriffen, da drinnen bin ich unerwünscht. So nebenbei frage ich die Pförtnerin nach der Veranstaltung. Sie schüttelt abweisend den Kopf. Aber der Sänger, den ich sah, in seinen bunten Kleidern ... Die Frau schaut zur Decke. Wen hast du gesehen? Nichts hast du gesehen! Es klopft an der Haustür. Die Pförtnerin öffnet und läßt einen Studenten herein. Ein leichter Geruch von Kumys geht von ihm aus. Der Junge läuft schnell vorbei und verschwindet in seinem Zimmer. So ist jede Jugend! Die Türschließerin lächelt. Sie lernt gern, und sie feiert gern, ich möchte auch noch einmal jung sein, denn zum erstenmal in unserer Geschichte kann unsere Jugend studieren. Sie ist es, die unser Land vorwärtsbringen wird. Darin bin ich mit der Frau einer Meinung. Aber mich beschäftigt noch immer der Sänger. Warum zieht er sich wohl so an? frage ich und weise mit dem Kopf nach oben. Ob der Sänger Berufsmusiker ist. Sie putzt energisch an dem großen Schlüssel herum, und es dauert lange, bis sie antwortet. Nein, er hat keinen Beruf, er lebt auf seine Weise. Er hat hier ein paar Freunde, und wir Mongolen singen gern. Konzentriert poliert sie den Schlüssel, der schon wie Silber glänzt. Ich akzeptiere die Grenze, an die ich gestoßen bin. Ist ja auch nicht so wichtig, sage ich leichthin, notiere mir den Wäschetermin und ziehe mich zurück.

Sobald die Kälte vorüber ist, möchte ich hinaus auf das Land fahren. Die Pförtnerin rät mir, ich soll dort einen Deel anziehen, das Klima ist rauh, Frost und Hitze können an einem Tag auftreten, und die Kälte dringt bis auf die Haut.

Der Deel ist die Nationaltracht der Mongolen. Er wird von Männern, Frauen und Kindern getragen. Einem mantelartigen Gewand ähnlich, wird er vorn übereinandergeschlagen und an der rechten Seite unter dem Arm sowie an der Hüfte durch Knebel zusammengehalten. Den Hals umschließt ein hohes Bündchen. Die ganz langen Ärmel, die weit über die Fingerspitzen reichen, schützen die Hände vor Kälte. Als Gürtel dient eine grellfarbene Schärpe. Die Männer winden sie ganz straff um die Lenden, die Frauen um die Taille. Weil der Deel keine Taschen hat, werden verschiedene kleine Utensilien einfach oberhalb der Schärpe unter den Deel gesteckt. Die Schärpe heißt Bus, und Busgui bedeutet Frau, die Gürtellose. Früher trugen Männer nur dieses Kleidungsstück, die Frauen hingegen zusätzlich ein gürtelloses, vorn zu schließendes Mantelkleid mit einer losen Weste darüber. Heute ist der Deel noch sehr beliebt, besonders auf dem Lande. Der Sommerdeel, meist aus Seide oder Baumwolle, hat ein buntgemustertes Innenfutter. Im Winter wird ein zweiter darüber gezogen, einer aus Schaffell oder ein wattegesteppter mit Innenpelz und manchmal sogar noch eine Fellweste.

Auch mir gefällt so ein Gewand sehr, sein klarer Schnitt, der sich nicht weiter vereinfachen läßt. Besonders schön sieht es aus, wenn die langen Hosen, die in die Stiefel gezogen werden, aus leuchtender Seide sind. Im Stiefelschaft der Männer steckt die lange Tabakspfeife, von denen es kostbare Exemplare gibt, mit versilbertem Mundstück und Pfeifenkopf, das lange Zwischenstück aus Edelstein geschnitten. Darauf sind die Besitzer stolz. Im Stiefelschaft steckt auch die Geldbörse. Nur selten wird das Geld noch aus der Schärpe gewickelt. Dafür sah ich oft den Waadan, ein großes viereckiges Tuch, das auch für mich praktisch wäre. Damit könnte ich meine Skizzenblätter und Schriftzettel diagonal umwickeln, daß die beiden gegenüberliegenden Stoffzipfel frei bleiben. Das so gefaltete Tuch wird fest um die Taille gebunden, wobei das flache Päckchen auf den Rücken geschoben wird. So kann es nicht verlorengehen, und die Hände bleiben frei. Jeder Mongole auf dem Lande ist gleichzeitig ein guter Reiter, und so ein Waadan beeinträchtigt nicht seine Bewegungsfreiheit.

Die Stadtmongolinnen lieben bunte Umhängetaschen und große Einkaufsbeutel. Sie reiten ja auch nicht, sondern besteigen den Omnibus. Die Männer tragen Aktentaschen und Collegmappen, gehen in dunklen Anzügen und hellen Hemden. Der Deel ist für den Städter nicht mehr das wichtigste Kleidungsstück. Auf dem

Lande aber, wo es wenig Schutz vor Wind und Wetter gibt, wird er sich auch weiterhin als praktische Tracht bewähren.

Mit dem Omnibus fahre ich hinaus zum Stadtrand. Dort, in einer Jurtensiedlung, wohnt eine Frau, die schnell und exakt einen Deel zu nähen versteht. Freundlich sagt sie zu, als ich sie um einen besonders warmen, wattegesteppten bitte. Wir verabreden uns, den Stoff dafür am nächsten Morgen gemeinsam zu kaufen.

Ich gehe schon zeitig aus dem Haus. Vielleicht habe ich Glück und finde einen Milchladen, der bereits geöffnet hat. Am Kiosk Nummer fünf sehe ich Leute mit Milchkannen anstehen. Ich stelle mich hinten an die Reihe und höre, daß morgen der zwölfte Verkaufsstand mit Milch beliefert wird, übermorgen ein anderer. Das bedeutet für mich fragen, rennen, warten. Als der Milchwagen kommt, ensteht ein solches Durcheinander, daß Knöpfe von den Mänteln und Henkel von den Taschen gerissen werden. Hände mit Milchkannen schieben sich unter und über meine Schulter. Jemand klammert sich an meinen Arm, um nicht umgerissen zu werden. Trotz des Drängelns und Schiebens sehe ich in freundliche Gesichter, höre ich Lachen. Lieber wäre mir allerdings, wenn es disziplinierter zugehen würde, denn hier ziehe ich den kürzeren. Als ich endlich vor der Verkäuferin stehe, sind die Milchkannen leer. Ähnlich geht es mir in einer Fleischverkaufsstelle, als in Aluminiumkisten vier oder fünf Kilo schwere Rindfleischstücke angeliefert werden. Die Kunden nehmen immer das ganze Stück, nichts braucht zerteilt oder abgeschnitten zu werden. Bestimmt hätte ich die Verkäufer in arge Verlegenheit

Frauen in alten Trachten

gebracht, wenn ich nur um zweihundert Gramm Fleisch gebeten hätte.

In einer Nebenstraße umringen Einwohner einen Lastkraftwagen. Von der Ladefläche herunter werden Ziegenköpfe verkauft, mit Fell und Gehörn, und das gefrorene Blut taut in den warmen Händen. Fünf, sechs Stück wandern in aufgehaltene Säcke, der Verkauf geht zügig. Aber ich besitze weder einen Sack, noch habe ich Appetit auf derlei Kost. So werde ich meinen täglichen Reis auch weiterhin mit einem heimatlichen Brühwürfel würzen.

Die Näherin wartet am Warenhaus. Sie tröstet mich, als sie von meinem Mißerfolg beim Einkauf hört. Im Frühling wird es wieder besser mit der Versorgung, sagt sie. Außerdem haben die meisten Hauptstädter Verwandte oder Bekannte auf dem Lande, von denen sie schon im Herbst ihren Fleischvorrat für den Winter kaufen. Meine Familie zum Beispiel verzehrt pro Winter einen Ochsen und vier Schafe, wir sind sieben Personen, da fällt für dich ein Stückchen Fleisch schon ab. Jetzt wollen wir erst einmal einen Stoff kaufen.

Das Warenhaus ist gegenwärtig die einzige mehrstöckige Verkaufseinrichtung. Es unterscheidet sich – außer im Angebot – nicht wesentlich von unseren Warenhäusern. Daß der gewünschte Artikel zuerst an der Kasse bezahlt werden muß, bevor ihn die Verkäuferin zurechtlegt, kenne ich aus der Sowjetunion. Das Warenhaus ist wie alle Geschäfte auch am Wochenende geöffnet. Viele Kauflustige vom Lande sind gekommen. Ganze Familien promenieren durch die Etagen, behängt mit Taschen und Beuteln, und draußen vor dem Eingangsportal werden kleine private Geschäfte gemacht. Auch staatliche Einrichtungen nutzen den Vorplatz, um mit Kleinangeboten den Einkauf zu erleichtern. Eine Frau sitzt auf den Stufen in der Wintersonne, auf ihren Knien hält sie einen geöffneten Koffer. Sie bietet Medikamente an, industriell abgepackte, aber auch in weißes Papier gewickelte Pülverchen, und gibt den Käufern auch Erklärungen mit auf den Weg. Nicht weit von ihr stehen zwei junge Verkäuferinnen. Sie haben weiße Kittel über ihre Wintermäntel gezogen. Von einem großen Topf, der zwischen ihnen steht, nehmen sie den Deckel herunter. Sofort steigt Dampf auf, der Duft von Gebakkenem streift die Nase. Wer Appetit hat, kann sich ein Chuuschuur kaufen, das ist eine Art Fladen mit Fleischfüllung. Die eine Frau nimmt das Geld entgegen, die andere legt den gewünschten Fladen mit einer Gabel auf ein Stück Packpapier. Die Käufer stopfen sich das warme Teigstück gleich in den Mund, und der Topf wird zusehends leerer.

Im Erdgeschoß des Warenhauses ist eine Lebensmittelabteilung. Ich kaufe eine Dose gezuckerte Milch aus der Sowjetunion und Ceylontee. Spottbillig. Am Süßwarenstand steht immer eine Schlange. Fünf oder sechs Sorten Bonbons gibt es immer, mongolische Erzeugnisse. Darüber hinaus sowjetisches Konfekt und manchmal vorzügliche Sahnetoffees aus Vietnam. Jedes einzelne Stück ist in buntes Papier gewickelt. In der oberen Etage schaue ich im Vorübergehen auf die Teppiche, die auf dem Weltmarkt einen guten Namen haben. Sie werden in der Fabrik hergestellt, die Spezialisten aus der DDR errichtet haben. Mit ihren traditionellen Mustern und Farben wirken die Teppiche wie abendliche Graslandschaften. Diesen kraftvollen Motiven gegenüber haben es die modernen Ornamente schwer, sich mit ihren schmalen Linien- und Kringelmustern zu behaupten. Die Teppiche sind sehr teuer. Die Näherin ruft mich hinüber in die Stoffabteilung. Das Angebot ist nicht schlecht. Etliche Ballen buntbedruckten Kattuns sind aus China gekommen, auch Brokate. Für einen Deel sind vier Meter Stoff erforderlich. Die Näherin schlägt einen braunen Baumwollstoff vor, dazu die gleiche Menge blaugemustertes Innenfutter. Ich bin zufrieden, daß sie mir die Entscheidung abnimmt. Schließlich soll es ja ein echt mongolisches Gewand werden.

Wenige Tage später kann ich meinen Deel abholen. In der Jurte der Näherin liegen noch zwei andere Seidendeels in leuchtenden Farben bereit. Frauen aus der Nachbarschaft haben sie nähen lassen. Obwohl sie vorwiegend Konfektionskleider tragen, darf doch die Nationaltracht für besondere Anlässe nicht fehlen. An meinem schlichten Deel hat die Näherin Bündchen und Ärmelkanten mit Brokatpaspeln verziert und eine altrosa Schärpe dazugelegt. Sie lacht, als ich ihn anprobiere, und lobt mein gutes Aussehen darin. Ich lobe ihre gute Arbeit. Richtig schön dick sehe ich jetzt aus, meine Freunde zu Hause würden auch lachen. Aber lieber wie eine Tonne aussehen als frieren.

Ich darf mich in der Jurte ein wenig umschauen. Auf dem Holzfußboden, der mit kleinen Teppichen ausgelegt ist, steht die Nähmaschine mit Handkurbel. Die Frau näht noch auf dem Fußboden, so ist sie es gewöhnt. Für Licht sorgt eine Neonröhre. Im Fernsehen wird im Moment ein Kinderfilm gezeigt. Ein großer Kühlschrank steht neben der Tür. Hauptstädtischer Komfort. Unter dem Porzellanwaschbecken im Holzgestell ist ein Eimer, Wasser und Kanalisation gibt es nicht, wird auch nicht erwartet. Vielleicht in ein oder zwei Jahren schon werden die Jurten zusammengepackt, und hier wird ein Bauplatz sein. Die Jurtenwände sind mit dunkelgrünen Tüchern behängt, jedes einzelne ist mit einer roten Stoffkante eingefaßt. Auf den Betten liegen Kamelhaardecken. Die Truhe schmückt eine Sammlung leerer ausländischer Weinflaschen mit schillernden Etiketten, ein paar russische Teebüchsen stehen da, Souvenirfigürchen aus Plaste und ein Fernsehturm aus Aluminium. Zwei Enkelinnen wohnen mit hier, erzählt die Frau. Die eine lernt Krankenschwester, die andere arbeitet in der Teppichfabrik, in der auch Spezialisten aus der DDR arbeiten. Daher also der Fernsehturm. Die Mädchen rechnen damit, daß sie einmal mit ihren Familien in einem Steinhaus leben werden.

Die Näherin hat nie in einem Haus gewohnt, ihre Eltern nicht und deren Eltern erst recht nicht. Sie erinnert sich noch gut an die kleine, dunkle Jurte ihrer Kindheit, an die Farbe der Türfilze, an die Ornamente auf den Truhen, an den Geruch, wenn Schnee auf das warme Filzdach fiel. Und immer unterwegs, das leichte Haus auf die Kamele geladen und an anderer Stelle wieder aufgestellt. Zwei geübte Leute errichten eine Jurte in weniger als einer Stunde.

Die Teeschale ist geleert, das versprochene Stück Fleisch eingewickelt. Ich bezahle die wenigen Tugriki Schneiderlohn. Den neuen Deel soll ich gleich anziehen und im Studentenheim der Pförtnerin vorführen, dann bekomme ich ein Geschenk. Das ist Brauch. So spricht die Näherin auf mich ein und fügt lächelnd hinzu: Ein alter Brauch, der allerdings nur die Kinder betrifft.

Weil ich sicher bin, daß mich niemand beschenkt, wenn ich meine Neuerwerbung vorführe, packe ich das Bündel in meine große Reisetasche und gehe so zufrieden davon, als hätte ich schon ein Geschenk erhalten.

Welches ist das interessanteste Bauwerk in Ulan-Bator? Schwer zu sagen. Das exotischste jedenfalls ist das buddhistische Gandan-Kloster. Es ist das einzige Kloster in der Mongolei, in dem noch Lamas studieren und arbeiten. Hinter seinen gelben Mauern gründeten die Lamas 1970 eine weltweit anerkannte und geschätzte Organisation, die Asiatische Buddhistische Friedenskonferenz, die Teil der Weltfriedensbewegung ist. Interessierte Jugendliche dürfen sich nach Abschluß ihrer Schulausbildung um die Aufnahme in das Kloster bewerben, denn innerhalb der Klosteranlage befindet sich die Hochschule für Buddhismus. Dort bereiten sich die jungen Lamas in einem sechsjährigen Studium auf ihre Aufgaben im Kloster vor. Wenig Studienplätze stehen zur Verfügung, und die Aufnahmegespräche sind nicht einfach. Jedermann darf den Klosterhof und die Tempel betreten, aber letztere sind nur während der täglich stattfindenden Andachten geöffnet. In den Tempeln gibt es kostbare Malereien auf Seidenstoffen. Das sind die Rollbilder. Sie werden so genannt, weil oben und unten je ein Rundholz eingenäht ist. Dadurch lassen sich die Bilder wie Fahnen schnell zusammenrollen und bekommen keine Brüche. Um diese Malereien anzusehen, trete ich durch die dunkelrote Tür.

Im Osttempel des Gandan-Klosters ist es dämmrig und kalt. Das Licht, das durch die Kuppel dringt, verliert sich im Gewirr der Rollbilder, Fähnchen, Siegesbanner und Baldachine, die über den Köpfen der Andächtigen hängen. Der schwere Duft des Weihrauchs, das fremde, geheimnisvolle Glitzern der Kultgeräte und die sanften Augen der Buddha- und Bodhisattvafiguren bringen mich in Verwirrung. Die Schallbecken tönen, und das Muschelhorn, das den Elefantenruf nachahmt, trompetet laut dazwischen. Dann höre ich lange Zeit nur das leise Auf- und Abschwellen der monotonen Stimmen der Lamas, die singend tibetische Texte lesen. Wenn sie zur Untermalung ihrer Sprechgesänge die Messingglöckchen schwingen, so scheint mir, als schüttelten sie Lichtpunkte in den Raum.

OM MANI PADME HUM. Die Lippen der Gläubigen murmeln diese Anrufungsformel an den Bodhisattva des grenzenlosen Mitleides. Lautlos und ununterbrochen rollt eine Perle des Rosenkranzes nach jedem HUM durch ihre Finger. Im buddhistischen Tempel darf der Gläubige nicht sitzen, er steht neben der Tür, manchmal wirft er sich auf den Boden und berührt mit seiner Stirn den Teppich. Zum vorgeschriebenen Ritual gehört ein schweigender Rundgang im Tempel. Nachdem die andächtig Lauschenden das Tempelinnere im Uhrzeigersystem umwandelt haben, verharren sie noch ein wenig an der Tür und schauen den Lamas zu, die in der Mitte des Raumes in langen Reihen auf ebenso langen Bänken im Yogasitz hocken, die heiligen Schriften vor sich ausgebreitet. Es sind etliche junge Schabis darunter, die mit ihren kahlgeschorenen Köpfen eher lustig als ehrwürdig aussehen. Verstohlen wenden sie ihre schwarzen Augen zur Tür und beobachten neugierig die Eintretenden. Jetzt im Winter tragen die Lamas leuchtend gelbe Umhänge. Sie reichen fast bis auf den Boden und haben große Kapuzen. Von den Schultern fällt der Stoff in so dichten Falten, daß es aussieht, als wäre der Körper mit Lichtstrahlen umgeben. Unter dem geöffneten Umhang sehe ich das gelbrote Hängegewand, das mit einer langen, zweifach über die Schulter laufenden roten Schärpe umschlungen ist. Die Stiefel sind groß und weit. Ihre Spitzen sind nach oben gebogen, damit der Fuß die Erde, die den Leib Buddhas symbolisiert, nicht verletzt.

Schön sehen sie aus in der milden Dämmerung, wie sie dasitzen und in die Bücher schauen. Nur etwas unwirklich. Aber gerade das ist es, was mich lockt, es ist so anders, so fremdartig, und wie es dröhnt und summt!

Ich wende mich den Rollbildern zu. Sie stellen die personifizierte Weisheit, Barmherzigkeit, die Klarheit des inneren Schauens dar. Auf feinste Leinwand wurde die Farbgrundierung aufgetragen und mit einem Wildschweinzahn spiegelglatt poliert, damit die Zeichnung exakt ausgeführt werden konnte. Dann wurde mit Wasserfarben das Bild ausgemalt. Die ältesten Rollbilder sind mit Naturfarben gemalt, die aus pulverisiertem Lapislazuli, Malachit, Grünspan, Zinnober oder Gold gewonnen wurden. Jede Bildkomposition zeigt die symbolische Darstellung des Kosmos: Himmel – Luftraum – Erde. Die Kultfigur hat immer ihren Platz in der Mitte.

Altarecke

Wenn sich genau über oder unter ihr je eine weitere kleine Figur befindet, bilden sie zusammen die Weltenachse, welche die drei kosmischen Räume miteinander verbindet.

Wenn ich auch die Bedeutung der Symbole und Gesten nicht immer verstehe, so faszinieren mich doch die Technik der Malerei und die Bildgestaltung. Auf kleinster Fläche sind oft ganze Scharen kämpfender himmlischer Wesen abgebildet, nein, hingezaubert. Dazu bis ins Detail durchgestaltet, jeder Finger ist zu erkennen. Die Pinsel haben sich die damaligen Maler selbst angefertigt, und zwar aus Härchen, die im Innern eines Kuhohres wachsen. Welche Schönheit der Formen, welche Reinheit der Farben auf diesen Bildern!

Geschäftiges leises Geklirr. Zwei Lamas gießen aus blanken Messingkannen dampfenden Milchtee in Porzellanschalen und verteilen sie an die Lamas, die ihren Sprechgesang unterbrochen haben und nun ihre klammen Hände um die Teeschalen legen. Kurze, schweigende Teepause. Dann schwillt das Murmeln wieder an, die Schallbecken erzittern, hell wirbeln die Glöckchen dazwischen.

Es ist Februar und bitter kalt. Ich wende mich zur Tür und trete hinaus in die Sonne. Befreit atme ich die klare Luft, nicht achtend, daß sie heftig in die Nase zwickt. Mittagstemperaturen von dreißig Grad minus sind normal. Ich überquere den Hof, zwänge mich durch die schmale Pforte der westlichen Mauer und gehe langsam der Straße zu, die ins Stadtzentrum führt. Eilig schlurfende Schritte nähern sich.

Sdrastwuitje! Den russischen Gruß richtet an mich

ein junger Lama. Sie sprechen russisch? frage ich mongolisch zurück. Nein, nicht besonders gut. Sind Sie Tourist? Spezialist? Was für ein Landsmann sind Sie? Ich würde Sie gern kennenlernen, aber bis zwölf Uhr habe ich im Tempel noch Dienst, dann bin ich frei. Wenn Sie noch die zehn Minuten warten können, würde ich Sie gern in meine Jurte zum Tee einladen.

Ich sage sofort zu. Der Lama eilt zurück, sein gelbrotes Gewand schwingt in schweren Falten aus. Noch nie habe ich mit einem Lama gesprochen, und nun soll ich das Glück haben, sogar seine ganz private Behausung zu sehen!

Die Fellmütze tief über beiden Ohren, daß nur Nase und Augen frei bleiben, warte ich an der frostigen Luft. Ich betrachte die Plastik des Reformators der gelben Religion, Tson-kha-pa. Im 14. Jahrhundert war der Buddhismus in Tibet durch die politischen Machtgelüste der Lamas sehr fragwürdig geworden. Die religiösen Führer wollten auch politische Herrscher sein. Die Lehren des Buddhas wurden verfälscht, nicht mehr asketische Entsagung, sondern wollüstiges Genießen galt als Maßstab. Herumziehende Gruppen demoralisierter Lamas bedrückten und plünderten hemmungslos das Volk. In dieser Zeit des Niedergangs kam ein Mann, der es wagte, die völlig mißbrauchte Religion zu festigen: der Lama Tson-kha-pa. Er führte strenge Regeln der Klosterzucht ein und gründete die Lamasekte der «Tugendhaften». Ihre Anhänger trugen ab sofort gelbe Mützen, alle anderen Lamas rote. Die Lamas der Mongolei gehören bis heute zu den «Gelbmützen». Deshalb auch ihre große Verehrung gegenüber dem Meister, dem Lehrer, ihrem

Guru Tson-kha-pa. Jetzt sitzen Tauben auf seinen Zementschultern, aufgeplustert und aneinandergedrängt. Die Sonne im wolkenlosen Himmel vermag noch nicht die frierende Erde zu erwärmen. Dafür läßt sie die grellbunten Farben, mit denen die Plastik bemalt ist, noch härter erscheinen. Der sitzenden Figur ist ihr genaues Abbild in kleinem Format beigefügt sowie mehrere Granitsteine, aus denen Heiligenfiguren und Gebetsformeln reliefartig herausgemeißelt sind. Ein steinernes Ensemble inhaltsschwerer Glaubenssymbole, nur von den Alten noch gekannt und verehrend mit der Stirn berührt.

Am Schatten erkenne ich, daß der Lama auf seinen weichen Sohlen hinter mich getreten ist und schweigend wartet. Jenseits des Osttores sind es nur wenige Minuten bis zu seiner Jurte. Den schmalen Weg säumen hohe Bretterzäune mit großen Toren und kleinen Türchen, hinter denen in baumlosen Höfen ein, zwei Jurten stehen. Weißer Rauch dringt aus den Ofenrohren. In diesem Jurtenviertel mit den weißen Brunnenhäuschen wohnen noch viele Leute. Auch die Lamas. Man spürt, daß diese traditionellen Behausungen den Anforderungen der Stadtbewohner nicht mehr gerecht werden. Jährlich werden die Jurtengassen weniger, die Siedlungen verschwinden allmählich, und die Zahl der mehrgeschossigen Häuser nimmt zu. Auch das Gelände des Gandan-Klosters wird bald eine neue Nachbarschaft erhalten. Ich kann nur wünschen, daß die Stadtplaner dem historischen Komplex ein Streifchen Lebensumfeld – vielleicht sogar baumbestanden – einräumen.

Der Lama öffnet ein Tor, wir betreten einen sauberen Hof. Der Schlüssel wird unter dem Filz der Dachbedeckung hervorgezogen, die Tür aufgesperrt, dahinter ist noch eine Innentür. Wärme dringt uns entgegen. Ich setze mich auf das Bett in der linken Jurtenhälfte, den Mantel lege ich neben mich.

Während wir ein wenig über das Wetter reden, legt er dicke Holzscheite in die Glut des Blechofens. Auf den elektrischen Kocher wird ein Topf mit Wasser gestellt, zur Hälfte Milch hinzugegossen, und vom gepreßten Teeziegel werden ein paar Krümel abgeschabt. Zusammen mit einer Prise Salz kommen sie in den Topf. Aus einem Bücherstapel, der neben dem Bett auf dem Boden liegt, zieht der Lama ein Buch heraus und reicht es mir. Kennen sie das? Es ist die Märchensammlung «Schidet chuur», «Der Totendämon», zweisprachig gedruckt mit tibetischer und altmongolischer Schrift. Ich habe gerade begonnen, die altmongolische Schrift im Selbststudium zu erlernen. Interessiert, aber noch recht hilflos schaue ich auf die Seiten. Unterdessen dreht mir der Lama den Rücken zu und macht sich an der Truhe zu schaffen. Ein Auge halb aufs Buch und halb verstohlen auf den Lama gerichtet – was macht er da bloß –, mit dem andern die Innenausstattung betrachtend, überträgt sich mir bald mit dem Duft des Weihrauchs die freundliche Ruhe seines Zuhause.

Zwei Betten stehen da, das eine links, das andere rechts an der Jurtenwand, dazwischen der Ofen. Ganz hinten eine bemalte Holztruhe. Sie ist nach vorn durch zwei Klappen zu öffnen. Jetzt hängen Schlösser davor, auf denen silberne Mungos sitzen, einen Edelstein im Mund. Der schätzespeiende Mungo – Symbol für Reichtum im weitesten Sinne. Auf der Truhe Berge von

Büchern, ein kleines Radio, ein ziseliertes Räuchergefäß, zwei winzige Butterlampen, ein Fläschchen mit Magentropfen. Auf dem Fußboden ebenfalls Bücher, Schriftstücke, dazu ein weißes Muschelhorn, eine Messingglocke, ein Rollbild mit der Darstellung des Buddhas Shakyamuni, zwei größere Stoffbündel. Neben der Tür ein gelbes Schränkchen für Teeschalen und Töpfe, gegenüber der Kleiderständer, eine Schüssel und eine Zinktonne mit Trinkwasser. Hinter dem Ofen das unentbehrliche niedrige Tischchen, sauber mit Wachstuch bedeckt, und zwei oder drei Hocker. Mehr ist nicht vorhanden. Durch einen Spalt im Filzdach fällt das weiße Licht der Wintersonne. Der runde Raum ist hell und warm, der Teekessel summt leise. Behaglichkeit, anders als gewohnt.

Aus der Truhe hat der Lama eine in Stoff gewickelte Kristallschale genommen. Er poliert sie ein wenig und füllt sie mit Bonbons, getrockneten Aprikosen, Aaruul und Würfelzucker. Bevor er den Tee eingießt, putzt er die Teeschalen blitzblank. Endlich ist alles getan. Mit zufriedenem Stöhnen läßt er sich zu meinen Füßen auf das rote Ziegenfell nieder, das Bett als Rückenlehne benutzend.

Natürlich will ich wissen, warum er Lama geworden ist. Er lacht. Vor siebenundzwanzig Jahren wurde er in Ulan-Bator geboren. Seine Eltern sind Kraftfahrer, ständig unterwegs. Er hatte sich nicht für das Auto interessiert, wohl aber für Bücher, besonders für alte. Auch das Altmongolische hatte er sich selbst beigebracht und schwierige, unverständliche Texte von einem befreundeten Lama erklären lassen. Plötzlich ging er auch in der gelben Kutte herum. Wie das gekommen ist, weiß er auch nicht so genau zu erklären. Vor drei Jahren hatte er sein Studium an der Buddhistischen Hochschule abgeschlossen. Nun hat er täglich von neun bis zwölf Uhr Dienst im Tempel, da werden die heiligen Schriften gemeinsam gelesen, natürlich in Tibetisch. Und weil auch Kenntnisse in Mandschurisch und Sanskrit gewünscht werden, lernt er diese Sprachen jetzt nebenbei. Die Nachmittage sind in der Regel frei für Studien oder notwendige Arbeiten im Kloster. Dieser Lama sieht seine Arbeit in der buddhistischen Literaturforschung. Material steht ihm in großer Fülle zur Verfügung.

Die Lamas im Gandan-Kloster sind schon lange keine weltabgewandten Asketen mehr. Natürlich gibt es noch einige unter ihnen, das sind Hochbetagte. Das strenge Zölibat ist aufgehoben, es ist ihnen erlaubt, außerhalb der Klostermauern zivile Kleidung zu tragen. Selbstverständlich besteht die Forderung, keinen Alkohol zu trinken und nicht zu rauchen, aber wenn es doch einmal in privater Sphäre geschieht, wer ist da Kläger, wer Richter? Die jungen Lamas sind zum großen Teil verheiratet. Auch mein Gastgeber hat eine Familie gegründet. Er nahm eine Frauenärztin zur Gefährtin, und seit acht Monaten haben sie eine kleine Tochter. Gegenwärtig sind Mutter und Tochter allerdings krank und liegen in einer Klinik.

Ohne anzuklopfen, kommt ein alter Mann mit hoher Fuchspelzmütze herein und setzt sich neben den Ofen. Nach einer Schale Tee erkundigt er sich, ob der junge Lama die Schriften des heiligen Soundso gelesen habe. Hat er. Ob er alle Bände besitze? Besitzt er. Ob er das

Gedicht auf der zweiten Seite Band eins kenne? Kennt er. Es ist wie ein Verhör. Der alte Mann beginnt, das Gedicht mit dünner Stimme singend vorzutragen. Der Lama fällt mit heiterer Mine ein, und so sagen sie sich eine ganze Weile ihr Wissen auf.

Unvermittelt, wie er gekommen ist, geht er wieder, der Alte. Von mir hat er kaum Notiz genommen. Dafür habe ich ihm gern zugehört, wenngleich ich nicht alle seine Worte verstanden habe. So geht es mir immer. Wenn jemand sehr schnell spricht – und das tun die meisten Mongolen –, habe ich große Schwierigkeiten, ihm zu folgen. Deshalb bat ich gleich am Anfang unserer Bekanntschaft den Lama, langsam zu sprechen. Daran hält er sich. Er lacht manchmal gutmütig über meine ungeschickten Sätze. Der Satzaufbau in der mongolischen Sprache ist ganz anders als in der deutschen. Mongolisch ist sehr schwer, sagt er, aber Ihre Aussprache – wie eine Mongolin! Ich will ihm eine Schwierigkeit der deutschen Sprache zeigen, eine Sprechfalle für Mongolen. Bitte, sprechen Sie meinen Namen aus! Es funktioniert prompt. Pischer, sagt er. Ffffischer! sage ich. Er: Pfff ... Wir üben. Er lernt es schnell. In der mongolischen Sprache gibt es kein «F», statt dessen werden Fremdwörter mit «P» ausgesprochen. Ich habe mich daran gewöhnt, Pischer genannt zu werden. Auch daran, daß einige Studenten im Wohnheim mir manchmal «Prieden» oder «Preundschaft» nachrufen. Heute schreiben die Mongolen mit kyrillischen Buchstaben. Aber das «F» kommt auch jetzt nur in Fremdwörtern vor.

Als wir uns verabschieden, sagt er höflich, er würde sich über einen nächsten Besuch freuen. Auch seine

Frau müsse ich kennenlernen und selbstverständlich seinen Freund, der Maler ist, großformatige Bilder malt und sich mit mongolischer Geschichte beschäftigt. Da hat er eine Idee: Wenn Sie wollen, mache ich Sie gleich mit ihm bekannt. Er wohnt unten in der Senke, nicht weit von hier.

Aber ich möchte lieber durch die Stadt nach Hause gehen. Den dicken Schal um den Kragen wickelnd, erhebe ich mich. Es war schön bei Ihnen, sage ich, danke für den Tee. Er verneigt sich: Auf Wiedersehen, Pischer! Ffff ..., lächle ich zurück und verlasse seinen Hof.

Unser alter Nachtpförtner ist wieder da! rufen mir Studenten bereits an der Haustür zu. Ein hochgewachsener Mann sitzt auf dem Stuhl im Flur. Er mußte eine Zeitlang im Krankenhaus liegen, und nun ist er wieder Nacht für Nacht der Vater des Hauses. Die Studenten mögen ihn alle. Es dauert nur eine Woche, dann haben auch wir beide unsere Sympathie füreinander entdeckt. Er findet so manche Gelegenheit, ein paar Freundlichkeiten zu sagen, und er liebt die Wörter. Das gibt er selbst zu. Wie gut es mir tut, sein Interesse an meiner Arbeit zu spüren. Allabendlich will er wissen, was ich heute gemacht habe, ob ich auch ordentlich gegessen hätte, was ich lesen würde. Meist finden unsere kleinen Gespräche in der Küche statt, wenn ich meinen Abendtee koche. Da steht auch der Kessel des Nachtpförtners auf einer Kochplatte, und das Wasser kocht und kocht. Am Anfang nahm ich ahnungslos das heiße Gefäß herunter und brachte es dem alten Mann an sein Tischchen. Aber das war falsch. Jetzt weiß ich, daß er eine spezielle Methode hat, Teewasser zu kochen, denn erst wenn das Wasser zur Hälfte verdampft ist, ist es ihm gut genug. Gestern abend hat er mir erzählt, er werde am Tag des männlichen Hundes auf das Land fahren. Dabei hat er vor Vergnügen die Augen zusammengekniffen, er hat genau gewußt, ich würde sofort meinen Kalender aus der Tasche ziehen und vor sein Gesicht halten. Wann genau? Statt einer Antwort nur Kopfschütteln. Er neckt mich gern. Halbe Nächte habe ich schon neben ihm verbracht, wenn ich seine Hilfe beim Entziffern altmongolischer Lerntexte brauchte. Mit der alten Schrift habe ich auch viele nicht mehr gebräuchliche Wörter kennengelernt. Da ist er mein Lehrer. Seine Unterweisungen sind für ihn mit sportlichen Übungen verbunden. Weil seine Sehkraft zu schwach ist, um im dämmrigen Flur die feinen Linien zu entziffern, steigt er bei jedem schwierigen Wort auf seinen Stuhl und hält das Heft an die schwache Glühlampe, die von der Decke hängt. Sobald es jedoch um Götter- und Heiligennamen geht, weiß er auch nicht mehr weiter, da verweist er mich an die Lamas im Kloster.

Nun möchte ich von ihm wissen, wieso er jetzt, im strengen Winter, auf das Land fahren will. Seine Augen öffnen sich erstaunt. Aber es ist doch Zagaan sar, weißt du denn das nicht? Ich begreife. Zagaan sar, der weiße Monat mit dem Fest der Viehzüchter, aber warum heißt er der «weiße»?

Gleich am Morgen kaufe ich mir den Mondkalender, den die Viehzüchter, die Araten, noch heute gern benutzen. Da tragen die Tage, Monate und Jahre noch Tiernamen wie in früherer Zeit. Hier gibt es zwei Kalender, nach denen die Zeit berechnet wird. Das klingt irreführend, ich weiß das. Selbstverständlich gilt in allen Lebensbereichen der Gregorianische, nach dem sich die

Begrüßung am Neujahrsmorgen

gesamte Menschheit orientiert und verständigt. Aber nebenher ist bei den Araten das alte asiatische Zeitberechnungssystem noch in Gebrauch, das die Zeit nach Mondbahnen mißt.

Das kleine Heftchen mit den vielen Zahlen und Namen ist wie ein Lehrbuch. Jeweils für vierzehn Tage gibt es Informationen über klimatische Bedingungen, Hinweise für günstige Weidezeiten in hochgelegenen Gebieten, Nützliches über Steppenpflanzen für Tier und Mensch sowie aktuelle gesellschaftspolitische Mitteilungen. Auch Geschichten sind darin.

Dann erfahre ich, bei Vollmond ist Monatsmitte, also der fünfzehnte Tag. Zeigt sich am Nachthimmel kein Streifchen des Mondes mehr, ist der Monat – also auch der Mond – zu Ende. Im Februar wird der Winter verabschiedet, das ist die Mitte der Kälteperiode. Von nun an wird hoffnungsvoll nach vorn geschaut, es geht dem Frühling entgegen.

In der dunkelsten Nacht dieser Zeit geht das alte Jahr zu Ende. Diese Nacht heißt Bituu. Der darauffolgende Tag ist der erste Tag des neuen Jahres.

Der freundliche Pförtner beginnt seinen Nachtdienst. Während ich in der Küche das durchgebrannte Kabel einer Kochplatte repariere, steht er neben mir und prüft mein Fahrtenmesser mit dem dunkelgrünen Plastgriff. Ein scharfes Messer gehört zu den wichtigsten Gegenständen eines Araten. Er selbst zog bis vor drei Jahren mit einer Schafherde durch weite Steppen. Einer beginnenden Erblindung wegen kam er in die Hauptstadt. Das Messer interessiert ihn, und er beginnt ein Gespräch. Weißt du, wie man bei uns ein Messer überreicht? So ein Ding ist wie eine Waffe, man gibt sie nur Menschen, die man sehr gut kennt. Ein Fremder könnte das Geschenk gegen mich oder zum Schaden meiner Herde verwenden. Also, paß auf!

Die Ärmel glattstreichend, stellt er sich mir gegenüber und legt den blanken Stahl auf seine ausgestreckten Handflächen. Die Messerspitze weist auf seinen Körper. Hochaufgerichtet, mit unbeweglichem Gesicht wartet er, bis ich das Messer mit der rechten Hand erfasse, die linke dabei leicht an meinen rechten Unterarm haltend. Das ist ein Ritual.

Mir gefällt der alte Mann. Ich will meine neueste Kalenderweisheit loswerden: Am Tage des schwarzen männlichen Drachen werde ich hinaus zum Kloster gehen. Er lächelt mit geschlossenen Augen und meint, das sei zu spät. In der Nacht müsse ich bereits hingehen, vor der Stunde des Morgenlichtes, in der Bituu-Nacht.

Das ist ein Brauch, der in weit zurückliegender Zeit entstanden ist. Für ein Nomadenvolk wie das der Mongolen war die Hauptnahrung neben Fleisch die Milch. Aus ihr ließen sich verschiedene Speisen zubereiten, als Trockenquark oder Hartkäse war sie lange aufzubewahren. Obst und Gemüse fanden die Nomaden bei ihrer Suche nach neuen Weideplätzen nicht, das Land war zu kalt und zu trocken. Wenn die Muttertiere in den Herden ihre Jungen geboren hatten und sie gemolken werden konnten, war die Zeit des Darbens vorbei. Dann kam der Sommer, die Sonne wärmte die Erde, und weiße Speisen, also Milchprodukte, gab es reichlich. Das ist schon ein Grund zur Freude. Verständlich auch, daß diese gute Zeit als Milch-Monat durch ein Fest geehrt wurde.

Milch ist weiß, und weiß heißt «zagaan», «sar» bedeutet Monat und Mond. Die Farbe weiß wurde Symbol für Nahrung und Leben.

Bis zum 12. oder 13. Jahrhundert fand dieses Fest im Abklingen des mongolischen Sommers, im August, statt. Später wurde es auf den Anfang des neuen Jahres verlegt, in die Zeit, in der die Kälte des Winters ihren tiefsten Punkt erreicht hatte. Bis heute blieb der weiße Monat der erste Monat im neuen Jahr des Mondkalenders. Sein erster Tag wird nach alter Tradition als Festtag begangen.

Die Nacht vor ihm, die Bituu, ist die aufregendste. Ähnlich unserem Heiligabend trifft man sich im engsten Familienkreis. Natürlich gibt es etliche Varianten im Ablauf, das Land ist groß, und die Zeit tut das Ihre. Doch geblieben ist die schöne Sitte, das alte Jahr ein letztes Stück zu begleiten. Das Beste, was es an Speisen gebracht hat, kommt auf den Tisch. Der Kumys, die gegorene Stutenmilch, seit dem Herbst schon in Kannen eingefroren, wird aufgetaut und schmeckt noch besser als im Sommer. Der aufgekochte Trockenquark wird zu einer nahrhaften, dicken, säuerlichen Milch, der ein Stückchen gelber Butter hinzugefügt wird. Auf einer großen Platte liegt das gekochte Rückenteil eines fetten Hammels, zu beiden Seiten die Schulterblätter und Rippen. Daneben steht eine mächtige Kanne mit Milchtee. Dazu Fettgebackenes, Kekse, Bonbons, getrocknete Pflaumen und Rosinen. Und Wodka, selbstverständlich!

Bei der Fülle der Gerichte muß eines davon unbedingt eine weiße Speise sein. So ist der Brauch. Die Tradition, sich weiß zu kleiden, ist nicht erhalten geblieben.

Heute wird der erste Tag im weißen Monat als Fest der Viehzüchter begannen. Die Menschen auf dem Lande feiern diesen Tag fröhlich. Es wird gegessen und getrunken und das alte Jahr mit guter Nachrede bedacht. In den letzten Stunden des Jahres wird über die schönen Stunden, die es gebracht hat, gesprochen. Kein Wort von seinen Unzulänglichkeiten. Ein ehrenvoller Abschied. Er endet, wenn der Himmel im Osten hell werden will. Mit dem ersten Lichtschimmer kommt das neue Jahr. Kommt die Hoffnung auf baldige Wärme, auf gesunden Zuwachs der Herden. Der Zeit, in der die weißen Speisen wieder reichlich sein werden, wird entgegengegangen. Dazu beglückwünschen sich die Viehzüchter und bekräftigen ihre Achtung und Zuneigung untereinander durch kleine Geschenke.

Ich nehme mir vor, an diesem Tag dem alten Mann, der so viel Worte für mich hat, auch eine Kleinigkeit zu schenken. Aus einem Stückchen weißen Leinen nähe ich ein kleines Säckchen und fülle es mit getrockneten Apfelringen, die ich noch von zu Hause habe. Auch sie sind weiß. Ich will noch meine Verehrung hinzutun und alles am ersten Tag des weißen Monats in die Hände meines Pförtners legen.

Weit hinter den Hügeln lebte einst ein gefürchteter Lama. Er wollte, daß die Leute glaubten, er könne Wunder vollbringen, und deshalb erfand er die seltsamsten Dinge.

Einmal erbat ein reicher Mann seinen Rat und Segen für häusliche Verrichtungen, vergaß aber, die zugesicherte Spende, einen fetten Hammel, bringen zu lassen. Darüber ärgerte sich der Lama, daß sein hageres Gesicht noch hagerer wurde. Lächelnd trat er in die Jurte des reichen Mannes und gab ihm ein heiliges Buch mit der Weisung, es mit Andacht zu lesen, wenn die Sonne die Schatten der Gräser lang werden läßt. Der reiche Mann freute sich über das Geschenk und tat, wie ihm geheißen. Seite um Seite studierte er mit Hingabe, netzte die Fingerspitzen eifrig mit dem roten Zünglein und wendete behutsam Blatt um Blatt. Als er die letzte Seite in den Händen hielt, las er die Worte: *Nachdem du alles gelesen hast, wirst du sterben*. Bald darauf starb er.

Die Kunde von der mystischen Kraft des Lama flog mit den Raben und Nachtigallen durch das Land, und die Leute hatten Angst vor ihm. Weil er, wie sie glaubten, ein mächtiger Lama war, warben sie um seine Gunst mit reichlichen Gaben vom besten Kumys und vom fettesten Hammel. Der Lama wurde reich. Sein Bauch wölbte sich unter den Falten seines goldroten Gewandes. So manche List gebar sein Hirn, um die Leichtgläubigen in Furcht und Bewunderung zu halten. Er brauchte ihre Spenden, seine Reichtümer sollten mehr und seine Macht unbegrenzt werden.

Das Buch übrigens, das dem reichen Mann den Tod verkündet hatte, holte er sich bald zurück. Er hatte die Unterkanten der Seiten mit Gift betupft. Seine Taten wurden nicht auf Erden gerichtet. Aber als er starb, legte der Totengott alle seine Handlungen in die Waagschale. Da stand es schlimm um den Lama! Er durfte nicht als Mensch wiedergeboren werden, als Hund kam er zurück, den man mit Füßen trat.

Der mir die Geschichte erzählt, ist selbst ein Lama. Sorgfältig legt er die Blätterbündel zurück in die Bücherschreine der Klosterbibliothek. Die Wände in diesem Raum sind von unten bis oben mit schmalen Glastüren bedeckt, hinter denen die in Seide gewickelten Bücher aufbewahrt werden. Eine halbe Stunde zeigen mir Lamas einige der alten, interessanten Schriften. Schon das Äußere der Werke ist fremd und geheimnisvoll. Sie sehen wie Bündel breiter Papierstreifen aus, die ungebunden übereinanderliegen. Die Blätter sind aus weichem, dickem Papier, auf dem es keiner Stahlfeder gelänge, einen sauberen Buchstaben zu ziehen, nur die Spitze eines Pinsels darf darübergleiten. Jedes Blatt ist mit einer feinen Linie umrandet, und die alten Buchstaben, die untereinandergesetzt werden, sind mit roter und schwarzer Tusche auf das reinweiße Papier geschrieben.

Während des Lesens wird die Seite unten angefaßt und nach oben umgeschlagen. Manche Bücher sind so breit, daß die Lamas beide Hände gebrauchen müssen. Dabei feuchten sie ständig ihre Fingerspitzen an, und jedesmal, wenn ihr Finger über die Zunge streicht, zucke ich zusammen. Wieviel hundert Lamas haben schon vor ihnen diese Blätter in den Händen gehabt? Ob es wirklich nur eine Legende ist, Krankheit oder gar Tod durch diese Angewohnheit beim Umblättern zu übertragen? Darüber will ich nicht nachdenken, jetzt, wo ich selbst so ein Blatt in die Hand gedrückt bekomme. Schauen Sie sich den Rhythmus der Linien an! Die alte Schrift war eine hervorragende Schnellschrift. Wer sie beherrschte, konnte die Sätze im gleichen Tempo schreiben, wie sie gesprochen wurden. Aber ihre starren Regeln konnten sich der Veränderung der Sprache nicht anpassen, und so wurden die mongolischen von kyrillischen Buchstaben abgelöst. Aber schön sieht es aus, so ein Blatt. Mich erinnert es an eine feine Grafik, schon deshalb, weil die Schrift senkrecht geschrieben wird. Noch heute gibt es viele dieser alten Bücher. Ihr Inhalt ist noch immer wertvoll. Allein die Tatsache, daß eine große Anzahl handgeschrieben ist, lassen sie in zunehmendem Maße für Historiker und literaturinteressierte Jugendliche zum Sammelobjekt werden. Dadurch wird ein Teil von der gedankenlosen Vernichtung durch Familienmitglieder, die die alte Schrift nicht mehr lesen können, gerettet.

Die Lamas führen mich in den Vorraum. Die Bibliothek zählt mit ihren etwa sechzigtausend Bänden, von denen zahlreiche handgeschrieben und reich illustriert sind, zu den bedeutendsten Schriftsammlungen dieser

Weltreligion, der buddhistischen Religion. Auch in diesem Vorraum sind die Wände durch Bücherregale verdeckt, die bis hinauf an die Decke reichen. In der Mitte des Raumes sitzt auf hartem Kissen ein Greis, ganz in Meditation versunken. Mit geschlossenen Augen nimmt er von einem Zinnteller Gerstenkörner und wirft sie unter rhythmischem Geflüster leicht in die Höhe, wonach sie mit sanftem Rascheln auf Kissen und Teppich niederfallen. Auf seinen Knien liegen die länglichen Blätter einer Lehrschrift, über deren Inhalt er offensichtlich Betrachtungen anstellt. Unser Kommen bemerkt er nicht. Auf Zehenspitzen gehe ich an ihm vorbei. Die Lamas selbst beachten ihn kaum, sie wickeln umständlich und sich unterhaltend Rollbilder auf, halten sie hoch und streiten darüber, wer dieses oder jenes gemalt habe. Auch mich beziehen sie ein: Kennen Sie das Zeichen, Fischer guai? Es heißt Namtschuwandan. Und das hier in der Ecke heißt ...

Da man im Mongolischen nicht mit Herr oder Frau angesprochen wird, fügt man als höfliche Anrede an den Namen das Wörtchen «guai» an. Der junge Lama, der hinzugekommen ist und den ich schon kenne, lädt mich draußen vor der Tür wieder ein, den Tee in seiner Jurte zu trinken. Es ist Februar und Zeit, in der man mit Verwandten und Freunden nach alter Tradition des weißen Monats vergnüglich beisammensitzt, alte Lieder singt und viel ißt und trinkt.

Das Tischchen in seiner Jurte ist reich gedeckt mit Gebäck, süßem Aaruul, Rosinen, Backpflaumen, kaltem Fleisch. Heute werden wir Buuds essen. Mit beiden Händen die heiße Teeschale haltend, schaue ich zu, wie er in einen Topf mit wenig Wasser eine Art Rost setzt. Draußen von der Jurtenwand löst er eine Plastetüte mit hartgefrorenen Teigtaschen. Sie sehen aus wie große weiße Zwiebeln. Das sind Buuds, mit gehacktem Schaffleisch gefüllte Teigtaschen, natürlich selbstgemacht. Es ist ein mongolisches Nationalgericht. Nebeneinander werden sie auf den Rost gelegt und gedämpft. Man ißt sie mit der Hand, möglichst heiß, beißt hinein und saugt zuerst den Saft des gedämpften Fleisches heraus.

Mein Gastgeber kocht und erzählt nebenbei aufgeräumt schnurrige Dinge. Sein langes, gelbrotes Gewand leuchtet auf, wenn beim Gehen die Sonnenstrahlen, die durch die Dachöffnung dringen, auf ihn treffen.

Nachdem wir, auf dem roten Ziegenfell hockend, gegessen haben und frischgekochter Milchtee aus dem Kessel duftet, werden zwei Gläschen mit Mongol Archi gefüllt. Das ist ein aus Milch, genauer gesagt, aus Kumys destillierter Alkohol. In unserem Fall handelt es sich um einen milden Ziegenmilchschnaps mit wenig Prozenten. Dreimal werden die Gläser gefüllt, dreimal müssen sie ausgetrunken werden, das erfordert der Brauch. Danach darf der Gast entscheiden, ob er weitertrinken oder aufhören möchte.

Der junge Lama hat sich erhoben. Er bietet mir das fingerhutkleine Glas mit seiner rechten Hand, während die linke dabei den Unterarm stützt: die Geste der Höflichkeit, der Achtung. Möge Ihre Arbeit den Menschen Nutzen bringen! Möge an Ihrer Seite ständig das Glück schreiten! Möge Zufriedenheit Ihre Seele licht erhalten! Welch gute Wünsche. Ich verneige mich dankend. Der vierte Fingerhut wird vollgeschenkt, doch bleibt er unberührt. Alkoholgenuß zählt zu den zehn schwarzen Sünden, die Verweigerung, berauschende Getränke zu sich zu nehmen, zu den zehn weißen Tugenden.

Kennen Sie die Geschichte von dem Lama, der einen Heiligen malte? Mein Interesse an Geschichten und Legenden, an vergehenden Bräuchen kennt er schon. Der Lama beginnt unter anschaulichem Gestikulieren zu erzählen, wie ein Lama einen Heiligen in dem Moment darstellte, als er seine kleine Notdurft verrichtete. Das wundervoll gemalte Bild gelangte als Geschenk zum Abt eines entfernten Klosters, der an dem prächtigen Heiligen seinen Gefallen fand. Damit ihm aber die Gläubigen während seiner Verrichtung nicht länger zusehen mußten, hieß er ihn aus seinem zweidimensionalen Zustand heraustreten und gab ihm mit einer gewaltigen Beschwörungsformel das Leben. Er projizierte einen großen Teil seiner eigenen geistigen Fähigkeiten in den Heiligen hinein und machte ihn zum Abt eines bescheidenen Lamaklosters, das einsam in den Bergen lag. Die dortigen Lamas lobten bald seine leuchtende Weisheit und seine asketische Lebensführung. Mit ehrfürchtiger Bewunderung mieden sie den östlichen Teil des Klostergeländes, wenn sich ihr Abt zur mehrstündigen Meditation hinter die kahlen Felsen begab und erst in der Dämmerung erschöpft zurückkehrte.

So entging ihnen, daß ihr Oberhaupt geradewegs durch die Edelsteinschlucht zum Berg des vollen Mondes eilte. Auf dessen Gipfel lag ein zweites Kloster, in dem ausschließlich Nonnen lebten. Als Mann unerkannt, mischte er sich unter die Nonnen und diente der Äbtissin in ihrer Zelle durch seine Klugheit. Bald wurden einige Nonnen aufmerksam. Diese Neue da, die sich bei der Äbtissin befand, hatte eine zu tiefe Stimme. Sollte sie vielleicht ein Mann sein? Sie berieten heimlich. Eines Tages traten sie an die «Neue» mit der Bitte heran, als Beweis ihrer Weiblichkeit das heilige Gewand ein Stück von der Schulter herabfallen zu lassen. Der Abt sah sich von strengen Augen umgeben. Er konzentrierte sich, bündelte seine inneren Kraftströme und bewirkte ein blitzschnelles Anwachsen seiner Brust. Unter züchtigem Erröten tat er, wie von ihm erbeten. Die Zweifel der Nonnen waren beseitigt, ihre Tage verliefen im ruhigen Rhythmus der Vorschriften.

Nach einiger Zeit brach ihr Mißtrauen erneut auf. Irgend etwas war anders an der «Neuen», das der Beobachtung bedurfte.

Sie erwarteten ihn vor dem Tor. Wiederum baten sie um einen Beweis. Sie verlangten, daß er vor ihren Augen seine kleine Notdurft verrichten sollte. An der Art des Strahles, der unter dem Gewand hervorträte, würden sie den Mann oder das Weib erkennen. Der Abt konzentrierte sich und brachte es zuwege, daß ein breit streuendes Wässerchen auf den Schotter traf. Die Nonnen gingen erleichtert an ihre Arbeit, und die Tage gingen hin in Frieden.

Erst als das Gelächter einer Männerstimme in der Äbtissinnenzelle die sittsamen Nonnen aufschreckte, taten sie sich zusammen und riefen ihn an, als er aus dem dämmrigen Hof eilen wollte. Das kleine Seitentor hatten sie vorher verriegelt. Sie befahlen der Neuen, ihr Gewand hochzuheben. Der Abt erblaßte. Seine Zauberkräfte waren begrenzt …

Der Erzähler ist ein guter Schauspieler. Er spielt seine Geschichte vor. Das ist es auch, was mir kleine Schweißperlen auf die Nase treibt. Erst vor wenigen Tagen habe ich gelesen, daß die Lamas früher unter ihrem Gewand keine Hosen trugen. Nur bei beschwerlichen Reisen wurden sie angelegt, und das auch nicht von jedem. Das «Darunter» bestand aus einem kurzen weißen Leinenröckchen.

Natürlich! So, wie der Abt es bestimmt nicht getan hat, reißt der Lama sein Gewand hoch bis zum Hals. Mir stockt der Atem. Doch zum Glück, er hat Hosen an, ganz normale, blaue Trainingshosen.

Die Geschichte endet damit, daß der Abt zur Strafe wieder in das Gemälde zurück muß. Und der, der die Geschichte erzählt, trinkt nun seinen Fingerhut Ziegenmilchschnaps aus, schüttelt sich lachend und meint, wenn er zaubern könnte, würde er den Schnaps wieder zu Kumys machen.

Ich gestehe, daß es mich oft zu den herrlichen Malereien der Rollbilder in das Kloster zieht. Nicht allein wegen ihrer Schönheit, sie übertragen Stille und Beherrschtheit.

Eines Tages, als ich, zwischen Gläubigen eingezwängt, an der Tür stehe und die Bilder anschaue, stößt mich eine Frau leicht an und bedeutet mir, daß ich herumgehen müsse. Ich akzeptiere ihre Absicht, der Fremden zu helfen, die Tempelregeln zu befolgen. Eigentlich habe ich mir vorgenommen, heute lange an der Tür stehenzubleiben, um die unterschiedlichen Handhaltungen der Bildfiguren zu betrachten. Aber ich füge mich und gehe sehr langsam und dicht an den kunstvollen Stoffbildern vorbei, die wie Fahnen im Raum hängen.

Der Abt des Klosters leitet heute von seinem erhöhten Sitz aus persönlich die Andacht der Lamas. Seine Gewänder sind golddurchwirkt, und der gelbe Spitzhut gibt dem noch jugendlichen Gesicht Würde. Es scheint eine besondere Andacht zu sein. Wenn ich das Geflüster richtig verstanden habe, geht es um die Segnung aller Kranken, um die Gesundung von Körper und Geist.

Der Mann, der vor mir geht, verneigt sich bei bestimmten Ritualgegenständen ehrerbietig, dreht sich aber häufig um. Das ist nicht üblich. Wieder an der Tür angekommen, warte ich neben ihm in der Menge. Ein paar Lamas schauen zu uns herüber, die Leute neben mir tuscheln. Da entdecke ich das Wunder: Wir sehen aus wie Zwillinge! Gleiche Größe, gleiches Alter, das gleiche kurzgeschorene graue Haar. Die schmale Nase, die Gesichtsform, beide tragen wir eine Brille. Die Augen, nun ja, die sind verschieden. Wir mustern uns verstohlen. Gibt es denn das? Eine solche Ähnlichkeit ist doch nicht zufällig?

Kommende und Gehende schieben sich wortlos vorbei und drängen uns zusammen. Sein Arm berührt mich für den Bruchteil eines Atemzuges. In mir jagt eine Feuerwelle bis hinunter in die Zehenspitzen. Als er ins Freie geht, warte ich noch lange im Gemurmel der Gesänge. Jetzt wird er seine verborgenen Flügel ausbreiten und davonfliegen. Nun kann ich hinaustreten. Aber er steht draußen. Aufrecht, unnahbar, um seine Verwirrung zu verbergen. Auch darin bin ich ihm ähnlich. Wenn sich unsere Blicke treffen, schaut jeder schnell in eine andere Richtung. Mir kommt die Legende von der Kugel in den Sinn: Das höchste Wesen hatte, als es die Menschen erschuf, eine Kugel in zwei Hälften gespalten und bestimmt, daß die eine Hälfte die andere suchen müsse, um wieder ein Ganzes zu werden. Es nannte die Hälften männliches und weibliches Prinzip.

Demnach gäbe es für jedes Menschenwesen seine Ergänzung. Ein schöner Gedanke! Sollte dieser Mann da …? Ich werde ihn ansprechen und ihm die Legende erzählen. Wie vor einem Absprung hole ich tief Luft, dann schaue ich mutig zu ihm. Doch da hockt er sich gerade neben einen Mann an die sonnige Klostermauer, und sie beginnen eine Unterhaltung. Ich bin viel zu feige, um mich zu ihnen zu sezten. Langsam verlasse ich den Hof. Über froststaubige Hügel schlendere ich zum Markt. Er wird nur sonntags abgehalten auf einem umzäunten Platz, und immer lockt er viele Besucher an. Im Winter kauft man hier die Fuchspelzmütze, das Murmeltierfell, den Schafspelz. Im Sommer findet man einen Reisigbesen oder Fußbodenfarbe, bunte Wandbehänge und bemalte Jurtentüren samt Hocker im Angebot. Zu jeder Zeit gibt es Nützliches und Wertloses, wird gekauft und verkauft.

Vor dem Eingang stehen rechts die Pferdewagen und links die Benzinwagen. Die vielen Menschen verschmelzen zu einer bunten Masse, die sich durch das Tor schiebt, stoßend, drängend, rufend und lachend. Wer etwas anzubieten hat, darf verkaufen, nachdem im Kiosk am Eingang die Erlaubnis eingeholt ist. Dort wird geklärt, welcher Artikel zu welchem Preis verkauft werden darf, und vom erwarteten Erlös werden ein paar Prozente als Standmiete gezahlt. Das schließt die Forderung ein, keine anderen als die genannten Sachen zu verkaufen. Der Preis darf selbstverständlich nicht verändert werden. Alkohol, Antiquitäten, Münzen dürfen nicht gehandelt werden.

Am Zaun stehen in einer Reihe die überdachten Marktstände. Dahinter sitzen auf langen Bänken die Textilwarenverkäufer. Es sind Einzelstücke, die ausliegen, denn es sind vorwiegend gebrauchte Artikel, wie das Kinderröckchen, das zu klein wurde, oder der Pullover, dessen Reißverschluß die Geduld der Trägerin herausforderte.

In der Mitte des Platzes haben die Kleinkramhändler ihr Angebot auf dem Boden ausgebreitet und sich dazugesetzt. Da liegen Schrauben, Schlösser, Kabel, alte Schulbücher und noch ältere Schuhe, geflickte Teekessel, Haarschleifen. Unter den Händlern geht es familiär zu. Eng sitzen sie nebeneinander, reichen ihre Teekannen herum und unterhalten sich. Die Grenzen ihrer Handelsplätze gehen ineinander über, so daß der Käufer oft fragen muß, von wem er diesen oder jenen Gegenstand kaufen kann. Eine Frau trinkt ihren Tee aus einer silbernen Teeschale. Etwas ungewöhnlich auf einem Markt, denn das Gefäß ist kostbar. Anschauen, ja, das darf man, aber verkaufen will sie es nicht. Sagt sie jedenfalls. Ich habe auch nicht so viel Geld, um so einen Gegenstand erwerben zu können. Die Schale ist aus Wurzelholz. Mit dünnem Silberblech ist sie innen und außen verkleidet bis auf einen schmalen Streifen, der die Schönheit der Holzmaserung sehen läßt. Wenn sich das Edelmetall durch den heißen Tee erhitzt, bleibt der freiliegende Holzstreifen kühl und erlaubt das Anfassen. Der Schalenfuß ist verziert, ziseliert. Nicht jeden Tag wird aus einem so wertvollen Gefäß der Tee getrunken.

In der linken Ecke des Marktes treffen sich die Jugendlichen. Dort wechseln die begehrten modischen Dinge ihre Besitzer, die Leinenhose aus Budapest zum Beispiel oder der weiße Herrenschuh aus Berlin. Mir fallen die Unterschiede zwischen den jungen und den alten Händlern auf. Die Alten verstehen es, mit Witz, List und Geduld ein vorteilhaftes Geschäft zu machen. Die

Jungen sind anders. Da zählt nur das Geschäft, nicht das Drumherum. Sie haben keine Zeit für Verbindlichkeiten.

Ich suche nach einem Gegenstand, mit dem sich Konservendosen öffnen lassen. Zwischen verbogenen Nägeln und alten Werkzeugteilen finde ich auch etwas Geeignetes. Dann drängle ich mich in eine Gruppe von Männern, die dicht beieinander stehen. Sie begutachten ein Messer mit silberbeschlagenem Heft, das in einer ebenso verzierten Hülle neben zwei Eßstäbchen aus Elfenbein steckt. Die gleichen Ornamente sind auch auf dem Chet, dem Feuerzeug, einem winzigen Ledertäschchen mit breiter, geschwungener Stahlkante. In dem Täschchen sind getrocknete Edelweißblüten und ein Stück Feuerstein zum Funkenschlagen. Edelweißblüten, besonders wenn sie mit Asche einer bestimmten Holzart vermischt sind, brennen sofort wie Zunder. Beides, Messer und Feuerzeug, gehören zusammen. Im Museum habe ich schon oft so eine Garnitur gesehen, doch hier darf ich sie in allergrößter Nähe bewundern, sogar anfassen. Die Männer loben die handwerkliche Meisterschaft, die in jedem Detail zum Ausdruck kommt, sie betasten die Silberformen am Messerheft.

Plötzlich sagt eine Stimme an meinem Ohr, daß es ein typisch mongolisches Messer sei. Ich schaue mich um – *ER* hat es gesagt! Mit weicher, leiser Stimme. Das Blut schießt mir in die Ohren. Was tun? Ich höre, wie er mit den Männern spricht, wie er zustimmt, daß so ein schönes Stück immer im Familienbesitz bleiben muß, zum Gedenken der Väter.

Plötzlich ist er für mich ein eigenständiger Mensch geworden. Nichts ist mehr übriggeblieben von einem visionären Doppelgänger; seine Flügel, die ich ihm zugedacht habe, sind verschwunden. Soll ich ihn jetzt ansprechen? Zu spät. Er wirft sich zwei lange Pferdeleinen, die er gekauft hat, über die Schulter und geht zum Tor. Ich sehe noch, wie er auf ein Motorrad steigt und davonfährt.

Der Frühling kommt spät und mit Stürmen. Am Morgen sind die Fenster noch mit Eisblumen überzogen, doch in der Tagesmitte ist es so warm, daß ich die Mütze vom Kopf ziehen und den Mantel über den Arm nehmen möchte. Ich weiß nicht, ist es schon Sommer oder noch Winter? Das langsame Ansteigen der Temperaturen bleibt aus. Drei, vier Tage Kälte und Schneewetter, plötzlich ein wundervoller Sommertag, dann wieder Kälte. Seit kurzer Zeit wohne ich im ungeheizten Zimmer, denn am fünfzehnten Mai endete die Heizperiode. Der Frühling will sich nicht danach richten. Vor dem Fenster schweben Schneeflocken, und die Erde ist noch fest gefroren. Doch die Stürme, die den braungrauen Lehmstaub von den Hügeln in die Stadt hereintragen, sind Zeichen des Frühlings. Luftwirbel steigen hoch und nehmen Papierfetzen mit hinauf bis über die Dächer. Manchmal ist so viel Staub in der Luft, daß ich die gegenüberliegenden Häuser nicht mehr sehen kann. Obwohl sämtliche Fensterritzen mit Papierstreifen zugeklebt sind, nützt es nicht viel. Nicht selten wache ich morgens auf und bin samt Bettzeug mit braunem Lehmstaub überpudert.

Die Erde ist trocken, der mongolische Winter ist sehr niederschlagsarm. Schnee gibt es deshalb wenig, und bildet sich einmal eine dünne Schneedecke, so verdunstet sie meist in der trockenen Luft, bevor sie dem Boden Feuchtigkeit zuführen kann. Gestern polterten am Wohnheim große Lastkraftwagen vorüber, die mit Schnee beladen waren. Man hatte ihn von den umliegenden Bergen geholt und in das Stadtzentrum gebracht, wo er auf die Grünanlagen geschippt wurde. Bis zum Beginn der künstlichen Bewässerung reicht sein Schmelzwasser gerade aus, um die Pflanzen am Leben zu erhalten.

Heute will ich dem Frühling ein Stück entgegengehen. Ich will ausprobieren, ob ich einen ganzen Tag hindurch wandern kann, ohne zu ermüden. Es soll auch eine Vorbereitung für meine Fahrt auf das Land sein. Mit dem Omnibus fahre ich vom Stadtzentrum über die Tuul, an deren Ufern schon zeitig ein paar Angler stehen. An der zweiten Station nach der Brücke steige ich aus und gehe über die ansteigende Wiese zum Bogd-Berg, auf eine seiner Schluchten zu, während der Omnibus in Richtung Flughafen davonfährt. Der sich dem Berg nähernde Wanderer wird schon erwartet. Zu Pferd kommt ein Mann auf mich zu, das Fernglas in der Hand. Ein paar freundliche Worte über das Wetter sagt er, dann kommt er zum Kern der Sache: Wohin soll es denn gehen? Und so ganz nebenbei: Haben Sie Zigaretten?

Der Wanderer tut gut daran, sich zu entschuldigen, daß er weder Zigaretten noch Streichhölzer in der Tasche habe, sonst hätte er gern ausgeholfen ... Der Mann ist zufrieden. Er ist hier Waldhüter. Er warnt noch vor den wilden Hunden, zeigt mit der Hand auf einen Felsvorsprung und zählt laut vier ..., fünf ..., sechs. Sechs dunkle Köpfe mit gespitzten Ohren schauen zu uns herüber. Es sind große Tiere und zudringlicher als Wölfe. Der Waldhüter weist auf einen Berghang: Dort sind sie nicht. Schon hier gut mit Steinen bewaffnen und vorsichtig in den Wald hineinbiegen, dann rasch die Schlucht hinauf und nördlich halten, sagt er mir, dann haben Sie Ruhe. Wildschweine und Wölfe gibt es auch genug, aber jetzt sind sie dem Menschen nicht gefährlich. Wenn Sie Glück haben, bekommen Sie ein Moschustier oder gar einen Zobel zu Gesicht.

Durch Schneewehen stapfend und von Stein zu Stein kletternd, mühe ich mich den gewiesenen Weg hinauf, der zu einem Plateau führt. Wenn ich Lust auf eine Verschnaufpause spüre, treibt mich die Vorfreude, von oben über die ganze Stadt zu blicken, weiter. Kein Schuhabdruck eines Menschen, nur Tierspuren, große und kleine. Und eine wohltuende Stille. Zwar drücken in meinen Manteltaschen die aufgesammelten Steine, und die Stöcke in jeder Hand erleichtern das Wandern auch nicht besonders, aber ich fühle mich ausreichend bewaffnet und stark genug, im Notfall einen Hund davonzujagen.

Das ganze Gelände ist Naturschutzgebiet. Schon Dsanabadsar, das Oberhaupt der buddhistischen Kirche der Chalcha-Mongolen, gab im 17. Jahrhundert einen Erlaß zum Schutz des Waldes und der Tiere des Berges heraus. Er erklärte den Bogd-Berg für heilig und damit für unantastbar. Jagd, Feuermachen und Bäumefällen wurden verboten. In den Jahren 1944 bis 1946 gab es eine

Zeit, in der das Naturschutzgesetz, das ja ehemals ein Theokrat erlassen hatte, nicht mehr befolgt wurde. Bäume wurden geschlagen und die Hölzer in die Stadt transportiert. Der sowjetische Wissenschaftler Skalon, der sich ein paar Tage und Nächte zur Naturbeobachtung in dem Bergstock aufhielt, warnte in einem Bericht: «Über dreihundert Jahre ist dieser Berg Naturschutzgebiet und somit eines der ältesten auf der Welt. Wenn es nicht mit aller Strenge geschützt wird, ist in zehn Jahren das Wild eine Seltenheit, und in fünfundzwanzig Jahren wird es keinen Wald mehr geben.» Das Gesetz zum Schutze des Berges wurde mit Nachdruck erneuert.

Heute stehen an den Schluchten, die in den Bergstock hineinführen, vereinzelt Jurten. Hier wohnen die Waldhüter, deren Aufgabe es ist, darüber zu wachen, daß das Gesetz nicht verletzt wird, daß der Bogd seine Schönheit behält.

Ich bin auf dem Plateau angekommen. Leider bietet sich mir kein weiter Rundblick ins Tal. Die Stadt liegt unter Dunstschwaden verborgen. Die Kälte läßt den Rauch aus den vielen Schornsteinen der Betriebe und der Jurten nicht in den Himmel aufsteigen, sondern drückt ihn auf die Dächer. Das Plateau ist in dieser Jahreszeit kein Flecken, an dem ich länger verweilen möchte. Der Wind heult in den Felsenritzen und trägt mir Schneestaub in das Gesicht. Bin ich durch den hastigen Aufstieg ins Schwitzen geraten, so kriecht mir jetzt die Kälte den Rücken hinauf. Den sorgfältig geschichteten Steinhaufen hier sehe ich mir noch an, dann werde ich hurtig zurückwandern.

Wie andere Völker auch glaubten früher die Mongolen, daß auf bestimmten Bergen ein Ortsgeist wohne. Weil er das umliegende Gebiet und die dort lebenden Menschen beschützte, dankten sie ihm mit Opfergaben und errichteten ihm einen Opferplatz, den Owoo.

Owoo bedeutet eigentlich «Aufgehäuftes» zu Ehren des Herrn des Berges, des Passes oder des Flusses. Am höchsten Punkt oder an gut sichtbarer Stelle wurden Steine zu einem ansehnlichen Haufen übereinandergeschichtet. Vorüberziehende Wanderer wußten, daß sie einen weiteren Stein hinzuzufügen hatten als Dank für ihren gelungenen Aufstieg. So wuchsen die Owoos langsam in die Höhe und nahmen nicht selten ein Ausmaß von zwei, vier, manchmal sogar sechs Metern an. Als der Lamaismus sich ausbreitete, wurde zusätzlich in viele Steine die heilige Formel OM MANI PADME HUM eingemeißelt oder aufgeschrieben. Hohe, dünne Stangen kamen hinzu, an denen beschriftete Papierstreifen, Stoffetzen und Haare aus Pferdeschwänzen angebunden waren. Zwischen den Steinen war Platz für die Opfergaben an die Ortsgeister, für Butter, Käsestückchen und Münzen.

Diese künstlichen Hügel findet man noch überall im Lande und sieht sie schon von weitem. Heute sind sie das, was sie ursprünglich wohl gewesen sein mögen: Wegmarkierungen. Diese Steinhaufen auf Pässen in den weiten Steppen sind notwendige Kennzeichen und Orientierungshilfen. Sie sind besonders nach Schneefällen eine Hilfe. Vereinzelt werden die Owoos noch geschmückt und geehrt, die neue Zeit läßt nicht mehr an Ortsgeister glauben. Viele Lastkraftwagen halten bei den großen Owoos noch an, die vielzählige Besatzung klettert aus dem Fahrerhaus und sucht einen Stein oder einen anderen Gegenstand, um, wie in Vaterszeiten, das Aufgehäufte zu vermehren. Auf die Frage: Warum? gibt es meist ein verlegenes Lächeln und ein Kopfkratzen. Es sei eben so Brauch. Wenn man keinen Owoo errichtet, wo soll die Elster dann sitzen? Nein, an Geister glaube man nicht mehr, aber schaden könne es wohl auch nicht. Ein mit Orden und Ehrenzeichen geschmückter Mann, der seinen Jeep an einem Owoo anhalten ließ, um einen Stein aufzuheben, hatte eine plausible Erklärung: So wie dieser Owoo wächst, soll auch unser mongolischer Reichtum wachsen!

Auch heute steht er noch da, der sauber geschichtete Steinhaufen auf dem Bogd-Berg, selbst die dünne Stange fehlt nicht. Nur Opfergaben bringt niemand mehr.

Auf anderem Weg gehe ich wieder hinunter, vorbei an kleinen Wochenendhäusern, die am Fuß des Berges stehen. Wie bei uns zu Hause, nur gefällt mir eine Sache hier besser: Es gibt keine Zäune. Zwischen Schneeresten finde ich die ersten Frühlingsblumen, ganz kurzstielig sind sie, daß ich sie kaum abpflücken kann. Doch welch ein Duft!

Neben einem hohen Stein sitzt ein Mann. Er genießt die wärmenden Sonnenstrahlen, die sich jetzt zwischen Wolkenballen hindurchschieben. Ein paar Pferde suchen in seiner Nähe nach jungen Gräsern. Als ich in Rufnähe komme, winkt er mich mit beiden Händen zu sich heran, das Fernglas schwenkend.

Ich beobachte dich schon lange, sagt er, klopft dabei mit der flachen Hand auf den Schotterboden als Aufforderung, mich neben ihn zu setzen. Was hast du da oben

Bunte Bäume

gemacht? Was suchst du überhaupt hier? Erzähle! Ich gebe Auskünfte. Seine schwarzen Augen schauen munter zu mir herüber. Und was hast du in deinem Beutel? Ich schütte den Inhalt vor ihm aus: Bleistift, Lehrbuch, Taschentuch, zusammengeklebte Bonbons, den Wollschal und das Sträußchen weißsterniger Blumen. Wozu ich sie nötig hätte. Schwer zu beantworten. Sie sind das Lächeln des Frühlings! Mehr weiß ich im Moment nicht zu sagen. Er blickt mich spöttisch an. Der Frühling kann auch zornig sein, dann bilden sich orkanartige Stürme, die ganze Herden unter Sand und Schnee begraben. Was kannst du ausrichten, wenn ein einziger Frühlingssturm die dünne Humusschicht der Felder abträgt und die Mühen vergangener Jahre zunichte macht?

Daß das Frühjahr auch mit Beklemmung erwartet wird, darauf bin ich nie gekommen. Denn neben dem Sturm gibt es noch eine Sorge, den Dsud. Nomadenvölker kennen keine Futterwirtschaft, das liegt im Wesen ihres Wanderlebens. Deshalb ziehen viele Familien mit ihren Herden auch in der kalten Jahreszeit von einer Winterweide zur anderen. Durch besonders ungünstige klimatische Bedingungen kann aber ein akuter Futtermangel eintreten. Im Sommer durch lang anhaltende Dürre, im Winter durch zuviel Schnee. Oder wenn im Winter der Schnee ganz ausbleibt, so daß im Frühjahr die Steppen ausgetrocknet und graslos sind. Besonders schlimm ist es, wenn nach überstandenem Winter ein Regenschauer mit Hagel die Weiden mit einer harten Eisdecke überzieht, daß die Tiere die Halme nicht erreichen können. Dann tritt der Dsud ein, beginnt das Viehsterben.

Ich frage ihn, ob er oft Dsud erlebt hat. In den letzten Jahren nicht, heutzutage liegen auch für solche Katastrophen Futtervorräte bereit. Doch früher, als er Kind war, ist einmal eine ganze Herde umgekommen. Sein Vater hat damals gesagt: Wo Dsud ist, wird der Hund fett, wo Leid ist, wird der Lama fett. Weiter erzählt er, daß er mit seinen Pferden wieder auf das Land ziehen will, sobald die Sonne die Luft wärmer macht. Im Winter, nun ja, da lebt es sich gut in der Jurte seines Sohnes, hier am Rande der Hauptstadt. Aber sobald der Frühling da ist, hält es ihn hier nicht mehr. Er ist Rentner, und die Pferde – es sind acht braune und ein weißes mit grauen Sprenkeln – sind sein Eigentum. Wo er geboren wurde, ist gutes Weideland, dort trifft er alte Bekannte, mit ihnen sitzt er zusammen, kann bei unerwarteten Schwierigkeiten mit ihrer Hilfe rechnen. Schließlich ist er nicht mehr der jüngste, und wenn er einen Wunsch gewährt bekäme,so möchte er auch dort die Zahl seiner Atemzüge vollenden.

Im Windschatten des Steines wärmt die Sonne schon beträchtlich und macht schläfrig. Plötzlich schickt er mich weg: Du mußt jetzt eilen, damit du noch einen Omnibus bekommst. Es gibt gleich Schnee oder Hagel, ich rieche ihn schon. Ich rieche nichts, befolge aber seinen Rat. Als ich im Stadtzentrum aus dem Omnibus steige, prasselt eiskalter Hagel auf die Straße, vom Wind gar nicht zu reden. Auf der Nase habe ich Sonnenbrand, und die Hände sind blaugefroren. Na ja, mongolischer Frühling!

Ich habe die Hauptstadt verlassen. Die Kälte ist gewichen, an windstillen Tagen wärmt die Sonne das weite Land. Es hat mich nach Nordosten gezogen, dorthin, wo es Wälder gibt, wo die Flüsse Onon und Cherlen die Berge durchschneiden und wo der legendäre Tschingis Chaan geboren und bestattet sein soll. Das ist das Chentii-Gebirge.

Außer mir ist mit dem Flugzeug kein Ausländer gekommen. Ein Omnibus steht da, der die Fluggäste die wenigen Kilometer in das Bezirkszentrum Undurchaan bringt. Von den Bergen, die die Ebene umkränzen, zieht die Dämmerung herüber. Das kleine Hotel ist verschlossen. Lange muß ich klopfen, bevor eine junge Frau öffnet. Wir renovieren, sagt sie. Da sie meine Hilflosigkeit bemerkt, fügt sie hinzu: Ein paar Gäste sind zwar da, aber sie müssen ohne Komfort auskommen. Damit meint sie Verzicht auf Wasser und Toilette. Sie bringt mich in einem Zimmer unter. Acht leere Bettgestelle und ein Kleiderständer füllen es aus. Bettwäsche ist im Schrank, doch sie hat keinen Schlüssel, den hat die Leiterin. Mich stört das nicht, ich habe meinen Schlafsack mit. Eine Thermosflasche mit Tee und einen Teller

Suppe stellt sie unaufgefordert auf das breite Fensterbrett, dann geht sie.

Noch am späten Abend betritt eine Frau energisch mein Zimmer. Meinen Paß will sie sehen und die mongolische Reisegenehmigung. Den Paß schaut sie nur flüchtig an, die mongolische Reiseerlaubnis ist ihr wichtiger. Doch die habe ich nicht. Sie schimpft. Ohne diese Erlaubnis darf hier keiner übernachten, in ihrem Hotel herrscht Ordnung! Auf meinen Rucksack schaut sie, dann durch das Fenster in die Nacht. Will sie mich auf die Straße setzen? Ich habe einen Brief bei mir, den ein Abteilungsleiter des mongolischen Künstlerverbandes auf meine Bitte hin an die Chentii-Künstlerzweigstelle geschrieben hat. Darin wird mitgeteilt, daß ich auf eigene Kosten reise. Außerdem wird der Zweigstellenleiter gebeten, mir im Rahmen seiner Möglichkeiten zu helfen. Die strenge Hotelfrau will den Brief nicht anerkennen. Kein Stempel, kein Briefkopf, jeder kann so einen Zettel schreiben. Da muß ich ihr recht geben. Vielleicht weil es schon spät ist oder weil sich unter ihrer Amtsmiene die mütterliche Mongolin regt, jedenfalls erlaubt sie, daß ich diese Nacht dableibe. Ich soll aber in dem Zimmer schlafen, wo schon ein paar Männer einquartiert sind. Gut, sage ich erleichtert, die Männer haben sicher nichts dagegen, wenn eine Frau einzieht? Die Hotelfrau stutzt. Ich nutze meine Chance. Über meine Müdigkeit klage ich und darüber, daß eine Frau nicht solche Kräfte hat und das Reisen für mich eine Anstrengung bedeutet. Das hätte sie nicht gesehen, daß ich eine Frau sei, entschuldigt sie sich. Dann erklärt sie mir, daß das Hotel zuerst für Spezialisten, Abgeordnete und Helden der Arbeit offensteht. Oder für Delegationen, die an Arbeitstagungen teilnehmen. Nur in Ausnahmefällen für Touristen oder Zufallsgäste. In das Männerzimmer brauche ich nicht überzuwechseln. Aber versprechen muß ich, gleich morgen früh die Zweigstelle aufzusuchen.

Nachdem sie gegangen ist und ich meinen Tee ausgetrunken habe, klopft es. Die Hotelfrau hat nicht allein die Verantwortung tragen wollen, einen Gast wie mich zu beherbergen, sie ist zum Leiter der Zweigstelle gelaufen, hat ihn informiert und hergeschickt. Nun steht er in der Tür, vom schnellen Lauf noch rot im Gesicht. Er nimmt den unangemeldeten Besuch freundlicher an. Morgen will er alle Formalitäten erledigen, verspricht er, und wenn er mir irgendwie helfen kann, so will er es gerne tun.

Am nächsten Morgen empfängt mich die gesamte kleine Künstlermannschaft im Zimmer des Leiters. Ich muß mich vorstellen und die Bilder herumzeigen, die ich in Ulan-Bator gemalt und mitgenommen habe. Es sind Miniaturen, der Transport ist deshalb kein Problem. Wenn ich nicht mit leeren Händen komme, sondern meine Arbeiten ausbreiten kann, würde ich schnell Kontakt zu den fremden Malern finden. So hatte ich gehofft, so ist es denn auch. Aus Schubfächern und Zeichenmappen ziehen sie ihre Bilder, und wir verstehen uns ohne große Worte. Die mongolischen Berufskollegen sind zum überwiegenden Teil Autodidakten, nur einige von ihnen haben eine Ausbildung in der Fachschule für Angewandte Kunst in der Landeshauptstadt erworben. Eine Kunsthochschule gibt es noch nicht. Begabte junge

Leute erhalten deshalb im Ausland einen Studienplatz. Auch freiberuflich arbeitende Maler und Bildhauer gibt es kaum, der Kunstmarkt muß erst entwickelt werden. So sind die bildenden Künstler in den Bezirkszweigstellen angestellt. Ihre Aufgaben ähneln denen unserer Werbeabteilungen. Wenn sie ihre eigenen Bilder malen wollen, müssen sie es in ihrer Freizeit tun. Nur wenn die Termine im Arbeitsplan nicht so drängen, gehen die Kollegen gemeinsam hinaus zum Malen. Aber das ist recht selten.

Vor der Revolution stand jede Kunstausübung im Dienst der Religion und wurde nur innerhalb der Klöster gepflegt. Eine Ausnahme bildete jedoch der Teil des Kunsthandwerks, der die Gestaltung der Gebrauchsgegenstände betraf. Wer Malerei erlernen wollte, mußte folglich Lama sein. So entwickelte sich eine Malerei, die an die religiöse Thematik und an die damit vorgeschriebenen ikonographischen Regeln gebunden war. Davon wollen die jungen Künstler heute nichts mehr wissen. Das ist verständlich. Sie gehen neue, eigene Wege. Dadurch geht auch vieles von der hohen Kultur der alten, traditionellen Maltechniken verloren. Es gibt wenige Maler, die sie noch pflegen.

Viel Zeit zum Reden bleibt nicht. In diesem Jahr feiert der Bezirk sein vierzigjähriges Bestehen. Es ist einer der jüngsten Bezirke. Statistiken, Transparente, Porträts, Agitationsaufsteller müssen angefertigt werden, eine Ausstellung über die Entwicklung des Bezirkes ist in Vorbereitung. Meine Hilfe lehnen die Künstler ab. Ich sei Gast! Ich solle mich ausruhen und die Umgebung ansehen.

Im Hotel verabschiedet sich die Hotelfrau sehr freundlich, als ich meine Sachen hole. Jetzt hätte sie mich gerne hierbehalten, aber der Maler, der die Zweigstelle leitet, besteht darauf, daß ich in seiner Jurte wohne. Seine Frau, die mit ihren vier kleinen Kindern alle Hände voll zu tun hat, findet dennoch Zeit, mich mit Fürsorge zu umgeben. Auch hier darf ich nicht helfen. Der Gast muß müßig sein, dadurch wird er geehrt. Die Jurte ist so eingerichtet wie die der Näherin in Ulan-Bator. Es ist zu merken, wenn so ein Filzhaus nicht mehr auf Reisen mitgenommen wird. Dadurch sammeln sich Dinge an, die sich nicht gebrauchen lassen, die nur Schmuck darstellen. Volkskunstgegenstände aus der SU zum Beispiel oder ein Wandbehang aus Leder mit plastisch aufgesetzter Hirschfigur.

Hier im Chentii-Bezirk leben viele Burjaten. Ihre alten Trachten sind im Museum zu bewundern und noch einiges andere dazu. Der Weg dorthin führt durch die ganze Stadt. Dem Ausbau der Bezirkszentren zu Städten liegt eine einleuchtende Gliederung zugrunde. Die eine Seite der Stadt wird von dem Wohngebiet gebildet, die entgegengesetzte Seite vom Industriegebiet. Dazwischen liegen die Verwaltungen und sämtliche öffentliche Einrichtungen. Auch das Museum müßte hier seinen Platz haben. Hat es aber nicht. Ich entdecke es im Industriegebiet hinter dem Dieselkraftwerk. Sein Baustil erinnert an ein großes russisches Blockhaus, nur die schlanken Birken fehlen und die Geranientöpfe hinter den Fensterscheiben. Dieses Haus hat seine Geschichte.

Seit der Volksrevolution hatten die Japaner ihren Einfluß auf die Mongolen verloren. Die Versuche, ihn zurückzugewinnen, waren fehlgeschlagen. Als japanische Truppenverbände 1931 in die Mandschurei einfielen, deutete alles darauf hin, daß sie auch bald in das Gebiet der jungen mongolischen Volksrepublik eindringen würden. Die Ausrüstung und Ausbildung der mongolischen Soldaten aber reichten nicht aus, um dieser Aggression Widerstand zu leisten. Deshalb wurde mit der Sowjetunion 1934 eine Vereinbarung getroffen und 1936 ein Protokoll über gegenseitigen Beistand unterschrieben. Wie vorausgesehen, wurde der Schutz der mongolischen Ostgrenze immer zwingender, sowjetische Truppeneinheiten kamen ins Land.

Einer der Stützpunkte, den sie derzeit errichteten, war hier im Bezirkszentrum. Eine ganze Reihe von Blockhäusern entstand, darunter auch das, in dem sich nun das Museum befindet. Sowjetische Soldaten hatten es 1937 aus langen dunklen Baumstämmen gezimmert, wie sie es von zu Hause her kannten. Im Mittelteil waren die Pferde untergebracht, rechts und links gab es geräumige Stuben für die Mannschaft. Der Stab, der für den Nachschub von Einheiten der sowjetischen Armee sorgte, hatte hier seinen Sitz. Zu beiden Seiten des Eingangsportals – so muß ich es schon nennen wegen des hohen, spitzgiebligen Vordaches und der riesigen Tür, durch die ein ganzer Pferdewagen paßte – hatten die Soldaten je einen Baum gepflanzt, deren Kronen inzwischen höher als das Haus sind. Die jungen Burschen, die sie vor fünfundvierzig Jahren gesetzt hatten – gehörten sie zu den Soldaten, die zwei Jahre später im Kampf gegen die Japaner gefallen waren? Ich will sie mir lebend denken, mit ihren Kindern unter Birken sitzend.

Im Sommer 1939 begann der offene Kampf. Am Chalch-Fluß kam es zu einer erbitterten Schlacht, und nach fast vier Monaten Blutvergießens wurden die Aggressoren zurückgedrängt. Ein Waffenstillstand konnte abgeschlossen werden.

Dieser Sieg galt als ein bedeutendes Ereignis. Doch was hatte er an Leben gefordert! Wie viele Tränen wurden geweint von jenen, die ihre Söhne in diesem Krieg verloren hatten. Allein fast zehntausend junge Soldaten sind nicht in ihre Heimat zurückgekehrt. Im tiefen Schmerz geschrieben, sandten sowjetische Mütter Briefe an die mongolische Regierung: Mein Sohn hat für die Freiheit Ihres Landes auf Ihrem Territorium gekämpft und dabei sein Leben verloren. Schicken Sie mir eine Handvoll von der Erde, in der mein Sohn jetzt ruht. Dieser Bitte wurde entsprochen.

Die beiden Bäume mit ihren ausladenden Ästen spenden wohltuenden Schatten. 1971 ist das Museum in das Blockhaus eingezogen. Vor dem Eingang kommt ein Mann mit einem Schriftenbündel unter dem Arm auf mich zu. Oh, eine Besucherin! Er freut sich und nimmt mich mit in das Haus. Es ist der Museumsführer. Freundlich begleitet er mich auf meinem Rundgang durch die zwei mittelgroßen Ausstellungsräume. Es ist mehr ein heimatgeschichtliches Kabinett als ein Aufbewahrungsort von Zeugnissen aus vergangener Zeit. Präparierte Tiere, Heil- und Nutzpflanzen, Gesteinsproben in großer Zahl sind im linken Raum ausgestellt. Im rechten ist das Schlachtfeld am Chalch-Fluß künstlich nachgebildet worden. Zerwühlter Erdboden, japanische Stahlhelme, Scherben und an der Zimmerwand aufgemalte Feuerfontänen der detonierenden Geschosse. Daneben hängen in langer Reihe die Porträtfotos von ehemaligen Partisanen bis hin zu verdienten Viehzüchtern und Helden der Arbeit unserer Tage. Nur am Rande wird etwas vom Leben in der vorrevolutionären Zeit gezeigt. Eine Landkarte zum Beispiel, zwei oder drei Schriftstücke, ein kostbarer Stuhl des Zezen Chaan, der dieses Gebiet beherrschte, drei Burjatengewänder und etwas Hausrat. Ich vermisse die Kunstwerke der vergangenen Zeit, wie Gefäße, Instrumente, Rollbilder, Bücher. Der Museumsführer sagt, daß diese Dinge im Archiv aufbewahrt werden, dort, hinter der Eisentür. Er beeilt sich, den Direktor zu suchen und ihn um den Schlüssel zu bitten. Doch der lehnt ab. Diese Dinge zeigt er nicht, basta! Außerdem wird gerade ein alter Tempel des Zezen Chaan sorgfältig restauriert, dort soll die kulturhistorische Abteilung des Museums ihren Platz bekommen. Die Gegenstände, die jetzt im Archiv sind, werden dann allen Besuchern zugänglich sein.

Dem Museumsführer ist die Sache peinlich. Er geleitet mich hinaus ins Freie, bemerkt entschuldigend, daß der Direktor erst kurze Zeit das Museum leitet und recht streng sei. Vielleicht um die Begegnung zu verwischen, erzählt er plötzlich, daß zwanzig Jahre nach dem Bau dieses Blockhauses ein sowjetischer Oberst anreiste. Er wollte sich im Frieden die Strecken ansehen, die er als Soldat marschieren mußte. Dabei erfuhren seine mongolischen Betreuer, daß er hier stationiert gewesen war und daß er in dieser Zeit seine Frau kennengelernt hatte. Auch sie diente in der Sowjetischen Armee. Und noch in diesem Blockhaus wurde sein erster Sohn geboren. Die Geburtsurkunde trug der Oberst bei sich, und so wurde bekannt, daß es in diesem Haus auch eine Liebesgeschichte gegeben hatte. Wie eng liegen doch Glück und Leid beieinander.

Am Abend bringt der Maler, bei dem ich wohne, eine erfreuliche Botschaft mit nach Hause. Der Bezirksbürgermeister, dem er meine Ankunft berichtet hat, bewilligt eine vierzehntägige Studienreise durch die Gebirgssteppen. Er stellt einen Jeep zur Verfügung, den ein ortskundiger Jäger fährt, und mein gastfreundlicher Maler soll wie ich das weite Land malen. Anschließend möchte er unsere Bilder im Gebäude der Bezirksverwaltung ausstellen.

Zwei Tage später geht die Reise los. Eine Ziege wird gekauft und hinter der Jurte geschlachtet. Die noch warmen Hinterschenkel binden wir innen an das Jeepdach. Salz, Tee und Nudeln werden in einen Karton gepackt, die Malsachen unter die Sitze verstaut. Ich ziehe meinen wattierten Deel über, der Morgen ist noch kalt. Wenige Kilometer fahren wir, dann umgeben uns schon Einsamkeit und Stille. Nur der Wind rauscht in den Ohren, wenn wir anhalten und uns nach Malmotiven umschauen. Der Himmel ist weit, und die Erde unter ihm wirkt wie ein schmaler Streifen. Das ist schon sehr beeindruckend, aber für mich nicht malbar.

Die erste Nacht verbringen wir am Changal-See. Frühlingsblumen blühen an seinem Ufer. Zu beiden Seiten steigen die Wiesen an, am Ende des Gewässers schließt ein Berg das Tal ab. Die Felsen sind spärlich mit Lärchen bestockt, die so dünn wirken, weil ihre Blätter noch nicht voll entfaltet sind. Am Ufer, etwas erhöht, steht ein kleines Steinhaus. Es ist für Reisende gedacht, die hier verweilen wollen. Der Jäger erzählt während der Fahrt davon, und ich freue mich auf die Wärme des Ofens und auf einen bequemen Schlafplatz. Ein Zelt besitzen wir nicht. Schon seit einer Stunde fällt feiner Regen. Doch nun werden die Tropfen seltener, und bald spiegelt sich der Abendhimmel im dunklen See. Je näher wir dem Häuschen kommen, um so mehr sinken meine Hoffnungen auf ein warmes Zimmer. Der Schornstein ist eingefallen, die Tür zerschlagen, die Fensterscheiben haben kein Glas mehr. Dort, wo einst der Ofen stand, liegen nur noch lose Steine aufeinander. Das Haus besteht nur aus diesem einen Raum. Hier werden wir schlafen, sagt der Jäger und weist in die hinterste Ecke. Wenigstens der Holzfußboden ist noch da. Unschlüssig stehe ich herum. Die Männer suchen inzwischen Äste und Argal, das ist getrockneter Mist, um draußen ein Feuer zu machen. Der Kochtopf wird mit Seewasser gefüllt und dann mitten in die Glut gestellt. Nudeln und Ziegenfleisch liegen bereit.

Vom See ziehen Nebelschwaden herauf. Fröstelnd rücken wir dicht an die Flammen. Wenn Holz nachgelegt wird, stieben Funken auf, und der Schein des Feuers beleuchtet die nasse Erde.

Der Jäger hat die Zubereitung des Essens übernommen. Zuerst das Fleisch, dann Nudeln und Salz ein wenig kochen lassen – fertig. Jeder hat seine eigene Schale, sein eigenes Fahrtenmesser. Mehr wird nicht gebraucht. Als die Schalen gefüllt werden, ist das Ziegenfleisch noch hart. Aber so lieben es die Mongolen. Der Suppenrest bleibt im Topf, etwas Wasser wird noch hinzugefügt und Teestengel hineingebröckelt. Das ist nahrhafter Tee. Damit wir gut schlafen, spendiert der Jäger eine Flasche Wodka. Weil die Kälte den Rücken hinaufkriecht, der Nebel das Haus mit Feuchtigkeit ausfüllt und weil ich keine Decke zum Schlafen habe, lasse ich meine Schale zur Hälfte mit Wodka füllen. Die Männer klopfen mir anerkennend auf die Schulter. Nachdem die zweite Flasche geleert ist, löschen wir das Feuer. Meine Begleiter wickeln sich in ihre Decken und strecken sich auf dem Fußboden aus. Ich stehe noch neben der rauchenden Asche. Vor Kälte schlagen meine Zähne aufeinander. Auf keinen Fall werde ich mich hinlegen! Soll ich mir vielleicht eine Lungenentzündung holen? Die ganze Nacht werde ich hier stehenbleiben!

Warum legst du dich nicht hin? ruft der Jäger. Bin noch nicht müde, entgegne ich. Aber nach einer Stunde gehe ich doch ins Haus und zwänge mich zwischen die beiden Schläfer. Erst gegen Morgen nicke ich etwas ein.

Aufstehen! Los! Leichte Fußtritte an meine Schuhsohlen machen mich wach. Dem Maler ergeht es nicht besser, ihm wird zusätzlich noch die Decke fortgezogen. Es ist erst halb sechs. Am Morgen ist der Tag am schönsten, singt der Jäger. Weil er beträchtlich älter ist als wir, wagen wir nicht zu widersprechen. Der Rauch eines Feuers dringt durch die Tür. Da springe ich auf. Der Morgengruß Saichan amarsan uu? bleibt mir jedoch in der Kehle stecken. Es hat geschneit! Sollten wir nicht lieber umkehren? Im gleichen Moment ärgere ich mich über den Gedanken. Werde ich jemals wieder die Chance haben, hier herumzureisen? Und dazu mit harten Männern, die mich wie ihresgleichen behandeln?

Hinter mir sagt der Maler, er hätte gegen Morgen ganz schön gefroren. Als er mich fragt, lüge ich: Ach, nur ein kleines bißchen.

Die Tage gehen dahin. Die Wolken, die Berge, die Bäume und die Steppen sammle ich in meinem Skizzenheft. Die Menschen, die wir treffen, bewahre ich in meinen Gedanken. Das habe ich mir gewünscht: In ihre einsam liegenden Jurten zu gehen, zusammenzusitzen, dazuzugehören. Mit ihren Augen sehen lernen. Hinauf zum Onon-Fluß, über unwegsame Gebirgssteppen hinüber zum Cherlen, an seinem Ufer zurück bis zum Bezirkszentrum – welche Fülle von Eindrücken hat sich mir geboten! Doch weil es so kalt ist und weil wir für die Fleischbeschaffung viel Zeit gebraucht haben, bringen wir nur insgesamt zwei Ölbilder mit zurück. Der Maler hat seine Skizzen am letzten Tag benutzt, um Fleisch einzuwickeln, und mein Skizzenheft haben unterwegs so oft Araten angeschaut, daß es schon ganz schmutzig geworden ist. Damit läßt sich keine Ausstellung machen. Zum Glück ist der Bürgermeister nicht da, als wir uns zurückmelden. Da fällt dem Maler plötzlich ein, daß er dringend in die Hauptstadt muß, um neue Farben und Pinsel zu besorgen. Gleichzeitig lasse ich mich von ihm überreden, das nächste Flugzeug zu nehmen und mit einem anderen Maler, den er mir als Begleiter vorschlägt, weiter hinauf in das Gebirge zu fliegen. Bringt viele Bilder mit, wünscht er und fügt lächelnd hinzu: Oder einen kräftigen Schnupfen.

Das kleine Flugzeug nach Dadal faßt zehn Passagiere. Ich bin der einzige Fluggast, der nur bis Bajanadraga möchte. Gut, steigen Sie ein, sagt der Pilot, wir werden Sie dort absetzen.

Als die Maschine niedergeht, ist es noch sehr früh und kalt. Außer mir landet noch ein Postsack auf dem Steppenboden. Ein herbeieilender Mann nimmt ihn an sich, ruft dem Piloten ein paar Worte zu, und das Flugzeug steigt wieder hinauf in den Himmel.

Der Morgen ist still. Auch der Mann mit dem Postsack sagt nichts, sondern schaut mich nur verstohlen an und geht langsam hinüber zu der kleinen Siedlung am Waldrand. Als ich dort eintreffe, hat er schon den Parteisekretär informiert, daß ein russischer Mann mit einem Köfferchen gekommen sei. So gibt es neben der Überraschung, der Ankunft eines Fremden, auch herzliches Gelächter, als sich herausstellt, daß es eine deutsche Frau ist, mit einem Köfferchen.

Ich finde für einige Tage Unterkunft im Übernachtungshäuschen. Es besteht aus vier Zimmern und einer Küche. Die Haustür hat kein Schloß, wozu auch, niemandem wird der Zutritt verwehrt. Das schönste Zimmer hat vier Betten. Eins ist noch frei, in den übrigen erwachen gerade die Schläfer, Männer, die mit ihrem LKW weiterfahren müssen. Das Bett an der Tür erhalte ich. Der Parteisekretär ruft Altanzezeg, die Hausbetreuerin, die gerade am Fenster vorbeiritt und nun in der Tür steht. Sie wohnt unweit in einer Jurte. Jung ist sie und schweigsam. In ihren Händen hält sie einen Sack, in dem sie frisches Fleisch geholt hat. Sie nickt, als der Parteisekretär ihr aufträgt, mich morgens und abends mit Speise und Trank zu versorgen. Dann geht sie in die Küche und kocht eine große Portion Pferdefleisch, denn die ersten Gäste sind reisefertig und brauchen eine kräftige Mahlzeit.

Mein bescheidenes Gepäck lege ich auf das Bett, schlage die Wolldecke darüber, und dann laufe ich hinaus in die Grassteppe. Bis hinunter zum Onon sind es zwanzig Minuten. Der Fluß strömt durch ein breites Bett, bildet mehrere Wasserläufe mit starken Windungen und buschbestandenen Inseln. Irgendwo hat es geregnet in den letzten Tagen. Heute führt er lehmbraunes Wasser, das langsam ansteigt und einige der flachen Zwischeninseln überflutet. Vielleicht wird der Fluß morgen schon wieder klar sein. Dann kann der Wasserwagen kommen und die Bewohner der kleinen Ansiedlung mit frischem Wasser versorgen. Doch bis dahin müssen sie mit großen Kannen zum Brunnenhaus am Waldrand gehen. Dort ist das Wasser gut, aber die gefüllten Kannen sind so schwer. Wenn der Wasserwagen kommt, ist es zwar bequemer, aber man muß mit dem Vorrat haushalten. Aus dem Tank fließt das Wasser direkt in die großen Zinkbehälter, die neben den Jurten stehen.

Der Wald. Es gibt ihn nur im Norden des Landes und auch dort nicht überall. Im Spätsommer ist er reich an Wildfrüchten, Pilze wachsen unbeachtet in üppiger Fülle, und in der Tiefe der Wälder leben tatsächlich noch Braunbären. Auch in diesem Jahr haben die Jäger hier fünf Bärenfelle an den Staat abzuliefern. Die großen Marale gibt es, die scheuen Elche und Rehe. Luchs und Zobel sind keine Seltenheit, und nie habe ich so viele Murmeltiere wie in den zwischengelagerten Steppentälern des Chentii gesehen. Jetzt haben sie alle Schonzeit, ihre Jagd ist bis zum Spätherbst verboten. Nur die Wölfe werden geschossen, weil der Schaden, den sie anrichten, groß ist.

Malerisch und ein wenig düster sind die Berge des Chentii. Kiefern, Lärchen und Birken mit dichtem Unterholz bilden dämmrige Wälder. Manchmal sind Riesenbäume darunter, so daß ich mich nicht wundere, daß sie in früheren Zeiten verehrt und geschmückt wurden. Ich hätte Lust, auch zu Hause die uralten, noch gesunden Bäume zu schmücken, die in der Nähe meiner Wohnung stehen, um auf ihre Schönheit und ihren Wert hinzuweisen. Und nicht zuletzt: um sie zu schützen.

Mit dem Abend kommen neue Gäste. Säcke liegen im Flur des Übernachtungshauses, die Zinktonne mit dem Flußwasser für die tägliche Körperpflege ist leer. In der Küche wirtschaftet Altanzezeg. Ganz verstohlen blickt sie zu mir, als ich an der offenen Tür stehe und zusehe. Neben ihr hantiert eine Frau in meinem Alter. Sie hat Mehl mit Wasser vermischt und rollt den Teig jetzt auf einem mehlbestäubten Brett aus. Nachdem er dünn wie ein Tuch geworden ist, hängt sie ihn zum Antrocknen über die Stuhllehne. Nun hat sie Zeit, schaut sich nach mir um und fragt, wie ich die Landschaft finde. Mein Erstaunen, mein Respekt vor den gewaltigen Bäumen ermuntern sie, mir zu erzählen, daß zwei Tagesritte entfernt von hier ein außergewöhnlicher, vielleicht hundertjähriger Baum gestanden hat. Schon lange war er abgestorben, aber er fiel nicht um. Weil er einen dicken, gewölbten Stamm hatte, glaubten die Leute, ihr Ortsgeist sei weiblich und wohne in jenem Baum. Sie nannten ihn Frauenbaum. Ihm vertrauten sie ihre Wünsche an, trugen ihm die Sorgen vor und verehrten ihn, indem sie reichliche Opfergaben niederlegten.

Die Erzählerin selbst ist dortgewesen. Was konnte man für herrliche Dinge sehen! Gebetsfahnen mit tibetischer Schrift hingen in den vertrockneten Ästen, Geschenktücher aus blaßblauer und gelber Seide, Bänder aus Brokat und buntem Leinen. Auf dem Waldboden zwischen knorrigen Wurzeln standen Gefäße aus Bronze und Messing, mit Wacholderweihrauch gefüllt, der einen würzigen Duft verströmte. Kleine, leer gebrannte Butterlämpchen, Würfelzucker, gelbe Butter, Münzen, Buddhafiguren aus Ton, ach, was gab es dort nicht alles!

Eines Tages kam ein Mann. Er achtete die alten Bräuche nicht und ärgerte sich über die Alten, die an ihnen festhielten. Er stieß so lange mit dem Fuß gegen den Baum, bis er ins Wanken geriet und umstürzte. Der Mann rannte zur Seite, aber ein Ast erreichte ihn dennoch. Das harte, spitze Holz drang durch das Leder seines Schuhs und nagelte den rechten Fuß auf dem Boden fest. Nun, er wurde befreit, aber das Bein wurde krank.

Er kam ins Krankenhaus, und der Arzt war gezwungen, in immer kürzeren Abständen Stück für Stück zu amputieren. Der Mann lebt in der Nähe am Fluß. Im vorigen Sommer verlor er das letzte Stück seines Beines.

Ich denke mir aus, was dieser Mann wohl gesagt haben würde, wenn ich am Nachmittag auf ihn gestoßen wäre und nach seiner Gesundheit gefragt hätte: Die Natur gibt mit vollen Händen, wenn man sie achtet, aber sie bereitet Sorgen, wenn man sie leichtfertig verletzt.

Die Frau nimmt den Teig von der Stuhllehne und schneidet ihn in gleichmäßige Streifen. Das sind die Nudeln, die Altanzezeg in den Fleischtopf schüttet. Der Lehmofen hat keine Tür. Durch die runde Öffnung paßt ein Stück Baumstamm, dessen Ende einen halben Meter herausragt. Ist das Holz genügend abgebrannt, wird nachgeschoben.

Jede Nacht teile ich das Zimmer mit neuen Gästen. Drei Nächte lang schläft neben mir ein alter Arate. Von klein auf ist er mit Schafherden durch die Grassteppe gezogen, und nun, dreiundsiebzigjährig, beendet er sein Nomadendasein. Seine Frau ist gestorben, und der einzige Sohn fährt als Kraftfahrer durch das weite Land. Als ich vom Fluß komme, steht er draußen neben der Tür. Sein Kopf ist kahlrasiert, sein brauner Deel mit einer giftgrünen Seidenschärpe umgürtet. Gesteppte, moosgrüne Seidenhosen schauen aus den Stiefelschäften. Er trägt zwölf Orden, zwei davon sind hohe Auszeichnungen aus der Schlacht am Chalch-Fluß. Später, als wir uns bekannt gemacht haben, erfahre ich, daß er kein Soldat gewesen ist. Auch während der Zeit dieses Krieges züchtete er seine Schafe. Aber er hat die Weideplätze öfter als sonst gewechselt, Tag und Nacht ist er auf den Beinen gewesen, um das beste Futter zu finden, damit die Tiere schnell fett wurden. Täglich hat er Fleisch abgeliefert, gut und reichlich, und so die Versorgung der Soldaten sichern helfen. Dafür hat er von der mongolischen Regierung den einen Orden, von der sowjetischen den anderen bekommen.

Von ihm erhalte ich eine Lektion über Schafhaltung, über nahrhafte und giftige Pflanzen und über Verhalten bei Gewitter. Auf meine Frage, ob er mit den Schafen auch in den Wald gezogen sei, schüttelt er energisch den Kopf. Der Wald ist nichts für Schafe, verstehst du, an den Stämmen und im Gestrüpp bleibt zuviel Wolle hängen. Und jedes Gramm brauchte ich doch für die staatlichen Aufkäufer.

Genau hinter dem Fenster beginnt er, der Wald. Am nächsten Nachmittag, als Wind aufkommt und er die lästigen Mücken in das Buschwerk der Flußniederung zurücktreibt, mache ich mich auf den Weg.

Unter den Bäumen ist es schattig und still. Hier und dort dringen Sonnenstrahlen durch dichte Wipfel. Büschel aus mannshohem Gras behindern die Sicht, und da es keinen Weg gibt, ist es notwendig, sich Orientierungspunkte für den Rückweg zu merken. Es duftet nach Kräutern und Kiefernnadeln, in der Luft flimmern unzählige Insekten. Im Gehen lege ich meine Hand an die rauhe Borke der Bäume. Dort, wo vor Jahren die ältesten von ihnen umgebrochen waren, sind ihre Spuren als bräunlichkrümeliger Humus zurückgeblieben. Junge Stämmchen sprießen daraus hervor. Eigentlich sind die Alten gar nicht gestorben, sie haben sich nur verjüngt, sie sind schon wieder auferstanden. Diese Feststellung hat für mich etwas Beruhigendes.

Das Gewirr von Stämmen und Büschen öffnet sich, es bietet sich ein unerwarteter Anblick: In der Mitte einer Wiese steht eine alte Kiefer. Um ihren Fuß verteilt, liegen achtundzwanzig Pferdeschädel. Unschwer ist zu erkennen, daß sie ursprünglich in Kreisform gelegen haben. Was bedeutet das? Ich halte den Atem an, um zu lauschen, es ist ganz still. Die Wohnplätze sind zu weit entfernt, um ein Kinderspiel zu vermuten. Auch gehen die hier lebenden Araten, insbesondere die Frauen, nicht gern in den Wald. Eine ehemalige Kultstätte durchziehender Nomaden kann es auch nicht sein, die Knochen der Schädel sind nicht porös oder verwittert. Geheimnisvoll. Da ist es auch wieder, das Gefühl, das mich zuweilen beschleicht, daß ich beobachtet werde. Vorsichtshalber verneige ich mich leicht nach alter Tradition mit zusammengelegten Handflächen vor dem Baum.

Hier im Chentii-Gebirge wurde Tschingis Chaan geboren, und hier wird auch sein Grab vermutet. Weiße Pferde hat er geschätzt, auch Pferdeopfer sind denkbar. Nach altmongolischem Brauch des 13. Jahrhunderts mußte eine Begräbnisstätte geheimgehalten werden, da von einem Leichnam schädigende Kräfte ausgehen würden. Deshalb begrub man Tschingis Chaan in einem unzugänglichen Gebiet, sein Grab wurde weder durch einen Steinhügel noch durch eine Stele gekennzeichnet. Später errichtete sein Enkel Chubilai Chaan acht weiße Jurten, in denen Gegenstände seines Großvaters und dessen Frauen Platz fanden. Diese Jurten standen bis

Mitte des 16. Jahrhunderts im Chentii. Dann wurden sie in das weit südlich liegende Ordos-Gebiet umgesetzt, das heute zur Inneren Mongolei in der Volksrepublik China gehört. Bis in das 19. Jahrhundert hinein verehrten die Mongolen ihren früheren Herrscher als Heiligen. Sie machten ihn zu einem persönlichen Schutzgott, der um Glück und Segen angefleht wurde. Aber das ist schon lange vorbei, dieser Mann ist nur noch ein Name in der bewegten mongolischen Geschichte.

Oder sollten sich in den düsteren Wäldern noch Reste des Schamanenkultes erhalten haben? Leise trete ich aus dem Kreis heraus und krieche hinein in das Gerank des Waldes. Die Ungewißheit, ob wohl alles mit rechten Dingen zugeht, verdränge ich. Mich beruhigt die Überlegung, daß hier offensichtlich Pferde getötet und die Fleischmengen planmäßig für die Winterbevorratung verwendet wurden. Die Wörter «planmäßig» und «Bevorratung» sage ich laut, und die Nüchternheit, die davon ausgeht, läßt mein Herz weniger klopfen. Pferdefleisch wird im Chentii gern gegessen. Schmeckt es mir nicht ebenfalls, wenn es Altanzezeg gekocht hat und sie mir morgens eine Schüssel davon bringt? Der Gedanke an Altanzezeg erleichtert. Wenn sie am Morgen kommt, reitet sie absichtlich so dicht am kleinen Fenster vorbei, daß es für einen Moment dunkel im Zimmer wird. So kündet sie ihre Ankunft an. Weil sie wenig spricht, auch auf meine Fragen kaum antwortet, beschränkt sich unser Kontakt auf ein beiderseitiges schüchternes Lächeln. Sie ist fast scheu, ich bin nicht draufgängerisch. Ob sie von diesen Pferdeschädeln hier etwas weiß?

Allmählich verändert der Wald sein Gesicht. Das belaubte Unterholz ist spärlich geworden. Ein Teppich dunkler Kiefernnadeln macht das Laufen angenehm. Mühelos durchschaue ich den grünbedachten Raum, und da entdecke ich plötzlich Gräber, überall Gräber. Sie sehen aus der Entfernung wie Hügel aus. Junger Kiefernbestand ist in den letzten Jahrzehnten durch sie hindurchgewachsen. Auf meinen Fahrten durch das Land habe ich schon oft Grabanlagen gesehen, aber diese Formen sind mir unbekannt. Eines weiß ich, sie stammen aus der Zeit vor Tschingis Chaan.

Ein Grab gleicht dem anderen. Die Steine müssen von weit hergebracht worden sein. Unter dem Wald und der Grassteppe ist Sandboden, den eine dünne Humusschicht bedeckt. Steine gibt es erst jenseits des Flusses.

Jeder Grundriß ist ein Ensemble aus den klassischen Formen Quadrat, Kreis und Rechteck. Ein Quadrat ist die äußere Begrenzung des Grabes. Mit Steinen wurde eine Mauer errichtet und innerhalb dieser Mauer eine zweite, kreisförmige. Ob der Zwischenraum ursprünglich mit Steinen ausgefüllt war oder ob sie erst im Laufe der Jahrhunderte von den Mauern heruntergefallen sind und so die beiden zu einer dicken Umfriedung verschmolzen haben, ist auf den ersten Blick nicht festzustellen. Das Kreisinnere ist eine Mulde geblieben, genauso tief, wie die Mauer hoch ist: achtzig Zentimeter. An die Südseite ist das schmale Rechteck angefügt aus gleichen Steinen, nur flach als Linienmarkierung in den Sandboden eingelassen. Ist es der Eingang zum Hauptgrab? Die Mongolen richten doch auch ihre Jurtentür nach Süden.

Diese Entdeckung versetzt mich in Erregung. Im

Umhängebeutel sind Notizbuch und Bleistift, das lächerlich kleine Metermaß wird hastig hervorgekramt. Ich laufe hin und her, vergleiche, vermesse, klettere in die Mulden hinein und wieder heraus und vergesse die Zeit. Die meisten Quadrate haben eine Seitenlänge von dreiundzwanzig Metern, aber das größte, das etwas abseits liegt, mißt vierundsechzig Meter. Hier wurde der Ranghöchste in die Erde gelegt.

Ein Knacken läßt mich aufblicken. In den Zweigen sitzt ein Eichhörnchen. Die Dämmerung wirft ihre ersten Schatten aus. Ich muß zurück.

Immer bergab in Richtung Norden. Die Sonne als Wegweiser ist verschwunden, aber mit Hilfe der Grabeingänge, die alle nach Süden weisen, kann ich mich orientieren. Im Wald nimmt die Dunkelheit rasch zu, auch ist das Gelände noch eben. Die Arme halte ich schützend vor das Gesicht, so renne ich durch das lokkere Dickicht. Noch immer fällt das Gelände nicht spürbar ab. Senken und Gestrüppinseln hinter mir lassend, erreiche ich eine Lichtung. Es ist der Pferdeschädelplatz. Jetzt, da ihn der Wald wie eine schwarzgrüne Kulisse umgibt, wirkt er noch düsterer. Wie weiße Echsen leuchten die Schädel, und die schwarzen Augenhöhlen scheinen mich alle anzustarren. Ich renne weiter. Es geht bergauf, bergab, kein Durchblick öffnet sich zur Steppe. Ein gestürzter Baumriese versperrt mir den Weg. Ich muß jetzt vorsichtiger meine Füße setzen. Der Wald ist ein Gefäß voller Finsternis geworden. Endlich schimmert es hell durch die Stämme. Zum drittenmal an diesem Tag trete ich in den Ring der toten Pferde. Ich bin im Kreis gegangen. Kein Autogeräusch, das eine entfernte Piste vermuten läßt, kein Kinderlärm, kein Hirtenruf. Stille. Tiefe, dunkle Stille. Was jetzt?

Ich beschließe, das Umherirren aufzugeben, den Sonnenaufgang abzuwarten. In respektvollem Abstand von den Schädeln taste ich nach einem Lagerplatz. Die bewölkten Julinächte sind finster. Regentropfen fallen auf die Erde.

Ich habe mir angewöhnt, einen mannsgroßen Beutel aus hauchdünner Folie in die Tasche zu stecken, wenn ich ins Freie gehe. Er schützt vor den kurzen, aber heftigen Regengüssen, die in dieser Jahreszeit häufig auftreten. Jetzt erweist sich zum wiederholten Male seine Nützlichkeit. Vorsichtig steige ich hinein und strecke mich auf dem Waldboden aus. In dieser Folienhaut bin ich auch vor Schlangen geschützt.

Da liege ich nun und schaue in den Himmel. Ich bin bereit, derart außergewöhnliche Situationen hinzunehmen, wenn sie einmal eingetreten sind. Selbst dann, wenn mein endgültiger Abschied damit verbunden sein sollte. Wenn ich das jetzt so bedenke, erscheint er mir gar nicht so schwer. Es ist ein wunderbares Gefühl, sich allein in der ursprünglichen Natur zu wissen, nicht von ihr getrennt durch Stoff- oder Steinwände. Ihr großer Atem scheint durch den eigenen Körper hindurchzugehen und läßt ihn sich als einen Teil von ihr erahnen. Im Wissen um die Kostbarkeit solcher Augenblicke legt sich die Erregung, eine innere Ruhe schärft die Sinne für eine neue Erfahrung: Ich bin es und gehöre dazu. Ich bin der Wald und der Wind und der Regen.

Vogelstimmen eröffnen den Tag mit verhaltener Heiterkeit. Wenige Schritte von meinem Lagerplatz entfernt liegt Papier. Es sind die schmalen Seiten eines alten religiösen Buches. Sonne und Schnee haben die Ränder ein wenig angegriffen, jedoch das Papier ist weiß und fest geblieben. Die Klarheit des Druckes ist erstaunlich. Es ist ein Holzblockdruck, jedes einzelne Schriftzeichen ist exakt geschnitten gewesen. Bis zum heutigen Tag vermochte nichts die Qualität der Druckfarbe zu mindern. Behutsam glätte ich die Seiten. Ist es eine Morgengabe?

Bevor ich das Blätterbündel in mein Halstuch wickle, berühre ich es mit der Stirn. Diese Geste der Achtung vor dem geschriebenen Wort, der Verkörperung des Geistes, habe ich bei den alten Araten beobachtet. Sie werfen Geschriebenes nicht achtlos fort, daß Mensch oder Tier es mit Füßen treten könnte. Besonders religiöse Schriften, auch wenn sie keinem Zweck mehr dienen, werden nicht zerstört, sondern an geschützten Orten, zum Beispiel in Höhlen oder Tabubezirken, ihrer natürlichen Auflösung überlassen. Bin ich in einem ehemaligen Tabubezirk? Habe ich im Schutz dieser Seiten den traumlosen Schlaf gefunden? Der Pferdeschädelplatz schweigt. Ich entferne mich grußlos. Die Sonne scheint, und der junge Tag ist freundlich.

Bis zu meiner Unterkunft ist es nicht sehr weit. Da wähnte ich mich in grauer Ferne, dabei erreiche ich schon nach einer Stunde Fußmarsch das Haus. Die Männer sind eben aufgestanden. Da sie mich vor der Haustür hocken sehen, meinen sie, ich sei ein Frühaufsteher.

Altanzezeg kommt in Begleitung der Frau, die ihr schon einmal in der Küche geholfen hat. Ich frage sie nach den Gräbern. Sie starren mich erschrocken an: Sie waren doch nicht etwa im Wald? Von den Gräbern wissen sie nichts. Wer begibt sich schon gern in deren Nähe? Von meinem nächtlichen Fortbleiben erwähne ich kein Wort, das müssen sie nicht wissen. Auch die Männer im Zimmer haben es nicht beachtet. Altanzezeg schaut mich prüfend von der Seite an. Nein, ihr fällt nichts auf an mir. Lächelnd und gesund wie immer hocke ich auf der Haustürschwelle, trotz des Waldspaziergangs. Oder bin ich doch ein wenig blaß? Aber Altanzezeg schweigt, was soll sie auch sagen? Ruhig entfernt sie das große Schloß von der Küchentür, das einzige, das es im Haus gibt. Dabei schaut sie sich zweimal nach mir um. Ich spüre ihre stumme und selbstverständliche Zuwendung. Plötzlich nennt sie den Namen eines Jägers, der gerade aus einer Jurte tritt. Ihn soll ich nach den Gräbern fragen. Sie ruft ihn heran. Eine kleine Ziege folgt ihm. Für den Jäger bergen die düsteren Wälder kaum Geheimnisse, aber über die Herkunft der Grabanlagen weiß auch er nichts zu sagen. Unverständlich ist ihm, warum der Wald gemieden wird. Noch Aberglaube, sagt er. Im Winter, nun ja, da kommen die Wölfe bis in die Siedlung. Und in den Bergen können Hagel und Schneesturm gefährlich werden. Aber im Sommer ist der Wald sein Haus. Er kennt die Waldgeister, sie sind seine Freunde. Sie heißen Nebel und Dämmerung, Wetterleuchten und Donnerschlag.

Paß auf, daß dich nicht die Wölfe fressen! Der Jäger winkt mich heran. Er weiß, daß ich gerne große Wanderungen mache, denn er hat mich oft durch sein Fernglas gesehen, wenn er unterwegs war. Jetzt lehnt er an seiner Jurte. Wohin soll es denn gehen? fragt er. Ich will heute einen Wolf fangen, scherze ich, bis jetzt habe ich nur das Heulen gehört, aber noch nie ist mir einer über den Weg gelaufen. Der Jäger nickt. Wölfe werden nachts aktiv, meint er freundlich, da mußt du dich schon in der Dunkelheit auf den Weg machen. Ich hebe abwehrend die Hände. Er schaut aufmerksam über die Hügel bis zum Horizont. Ich begleite heute den Tierarzt auf seiner Murmeltierjagd. Er kommt bald mit dem Auto. Wenn du willst, nehmen wir dich mit. Das ist ein Angebot! Der Jäger fordert mich auf, in der Jurte auf das Auto zu warten. Dieser Einladung folge ich gern, sie bedeutet Tee trinken, erzählen, ein wenig ausruhen.

Im nördlichen Teil der Jurte stehen ein paar Hocker. Dort ist der Platz des Gastes, der nach altem Brauch mit dem Gesicht nach Süden sitzen soll. Ich warte höflich, bis der Hausherr mich auffordert, im Nordteil Platz zu nehmen. Setzt sich der Gast ohne Einladung, gilt er als hochmütig.

Doch bald quietschen Autobremsen vor der Tür. Der Jäger nimmt sein Gewehr, und wir steigen zu dem Tierarzt in das Auto. Es ist ein ziemlich beleibter Herr, der da am Steuer sitzt. Er schaut nur kurz zu mir, nickt grüßend und fährt los. Während er sich mit dem Jäger unterhält, erfahre ich, daß er aus dem Bezirkszentrum gekommen ist, um mit einigen Schafzüchtern günstige Termine für eine Tiergesundheitskontrolle abzusprechen. Das hat er bereits hinter sich, höre ich ihn sagen, nun sei bis zum späten Nachmittag Zeit für die Jagd. Mich fragt er, ob ich jagen könne. Ehe ich den Kopf schütteln kann, informiert ihn der Jäger, daß ich doch eine Malerin sei.

Wir umfahren einen Sumpf. Das Großwild hat Spuren im Schlamm hinterlassen, es kommt hier immer zum Trinken in die Senke. Hinter dem Sumpf, an einem sonnigen Hang, haben Murmeltiere ihre Höhlen gegraben. Hier machen wir halt. Der Jäger geht zu Fuß den Hang hinauf und verschwindet bald aus unserem Blickfeld. Der Tierarzt will per Auto auf die Jagd gehen. Können Sie den Jeep fahren? möchte er wissen. Ja? Dann jagen wir gemeinsam. Er erklärt mir, was ich zu tun habe. Ich setze mich ans Steuer, er kniet mit schußbereitem Gewehr vor dem Beifahrersitz, die Autotür bleibt offen. Weil Murmeltiere neugierige Tiere sind, lassen sie sich leicht überlisten. Sobald eines von ihnen aus dem Bau hervorschaut, fahre ich langsam und in großem Bogen um das Loch herum, darauf achtend, daß es sich stets auf der Fahrerseite befindet. Während der Fahrt läßt sich der Tierarzt samt Gewehr unbemerkt aus dem Jeep fallen und drückt sich an den Erdboden. Das Tier richtet sich auf, um den großen, brummenden Ankömmling zu beobachten, es hat nur Augen für das Auto. Deshalb kann sich der Tierarzt von hinten anschleichen und einen sicheren Schuß abgeben. Auf diese Weise erlegen wir zwei Murmeltiere.

Der Jäger kommt ohne Beute zurück. Jenseits des Hanges hat er junge Tiere beobachtet, die er noch nicht schießen darf. Unsere Schüsse haben ihn herbeigelockt. Das reicht, sagt der Tierarzt, auf seine Beute weisend, das eine Murmeltier nehme ich mit, und das andere essen wir jetzt. Die Art, wie Mongolen in den Steppen ein Murmeltier zubereiten, erlebe ich hier zum erstenmal. Das ist eine Zeremonie, die der Jäger versteht. Er verteilt deshalb auch die Aufgaben. Mich schickt er hinüber zum Steilhang, um Wildzwiebeln zu suchen. Der Tierarzt wird angehalten, Feuer zu machen und kleine runde Steine zu erhitzen. Nachdem wir unsere Arbeiten getan haben, beginnt die Prozedur. Das Tier wird an der Unterlippe aufgehängt, der Kopf abgetrennt und das Fell sorgfältig abgezogen. Auf die Eingeweide warten schon die Raubvögel. Mit geübter Hand löst der Jäger das Fleisch von den Knochen, das er dann mit Zwiebeln vermischt und in das abgezogene Fell stopft. Es zischt und dampft, wenn die heißen Steine dazwischengesteckt werden. Auch Salz kommt hinein. Wenn der Balg gefüllt ist, wird er wie ein Sack zugebunden. Zu diesem Zweck müssen wir vom Auspuff unseres Jeeps den Draht abwickeln. Während dieser Verrichtungen ist das Feuer niedergebrannt und ein Haufen Glut entstanden. Dar-

Feuertopfberg

über halten die Männer nun den Balg und sengen mit leichten Schwenkbewegungen das Fell ab. Die heißen Steine dünsten das Fleisch von innen, das Schwenken über der Glut grillt es von außen. Nach zwanzig Minuten ist es gar. Jetzt kommt das Wichtigste. Eine Schale her! fordert der Jäger. Vorsichtig schneidet er in den aufgedunsenen Bauch des Murmeltieres einen Schlitz. Zischend, wie eine kleine Fontäne, entweicht der Dampf. Wie leicht kann man sich dabei das Gesicht verbrühen! Durch das Dünsten hat sich eine würzige Fleischbrühe gebildet, die in die bereitgehaltene Schale gegossen wird. Der Älteste von uns trinkt zuerst davon, das ist der Tierarzt, dann bin ich an der Reihe, dann der Jäger. Mögen wir immer bei Kräften bleiben! Diesen Wunsch hat der Tierarzt fast andächtig ausgesprochen. Er nimmt die geleerte Schale entgegen und stellt sie behutsam auf einen Stein. Dann holt er aus einem nahen Rinnsal Wasser, aus dem Auto Wodka. Zum heißen Murmeltierfleisch muß kaltes Wasser getrunken werden und hinterher ein Schlückchen Wodka. Nur ein Schlückchen! So eröffnen wir das Mahl.

Wir sitzen noch lange in der späten Nachmittagssonne und schauen über das Land. Nun ist es doch nur ein Murmeltier geworden, erinnert sich der Jäger, dabei wollte unsere Ausländerin heute einen Wolf fangen! Sie hat noch keinen gesehen, in der DDR leben sie nur noch im Tierpark. Der Wolf ist Mittelpunkt vieler Gespräche. Ich bin das wiederholte Nachfragen gewöhnt, wenn ich behaupte, in meiner Heimat gibt es keine Wölfe. Das ist für einen mongolischen Landbewohner undenkbar. – Keine Wölfe? Wirklich nicht? Sie können sich aber nicht entschließen, das gutzuheißen. Zwar ist der Wolf ein gefürchtetes, jedoch auch ein respektiertes Raubtier. Uralte Stammesnamen lassen vermuten, daß in früher Zeit dem Wolf von den Mongolen Verehrung entgegengebracht wurde. Tschingis Chaans Urahne soll dem Stamm der Wölfe angehört haben. Wenn man behauptete, von diesem gefährlichen und kräftigen Tier abzustammen, wurde angedeutet, daß man selbst dessen Eigenschaften besitzt. Außerdem war es mit den damaligen Waffen unmöglich, Wolfsrudeln zu entkommen. Große Verluste unter den zahlenmäßig kleinen Herden mußten hingenommen werden. Aus Furcht vor dem Wolf wurde sein Name in einigen Stämmen nicht ausgesprochen, man sprach von ihm in Umschreibungen wie «Steppentier» oder «Waldwesen». Auch der Jäger spricht von ihm wie von einem respektierten Gegner: Ist er nicht uns Menschen ähnlich? Wie wir erfindet er Listen, um seine Beute zu erreichen. Nie reißt er Tiere, die in der Nähe seiner Höhle weiden, um sich nicht zu verraten. Der Wolf greift nur aus Hunger oder in der Verteidigung an. Diese Lebensregel hat der Mensch nicht durchgehalten.

Sicher ist das Thema Wolf unerschöpflich. Der Jäger, als Fachmann sozusagen, will uns gleich eine Methode erklären, wie man zu guten Wolfsfellen kommen kann. Vor einigen Jahren war er im Archangai-Gebirge, dort, wo ein schwarzer, hundert Meter hoher Vulkan inmitten der Berge liegt. Daß der Feuertopf, wie er ihn nennt, noch nicht erloschen ist, erkennt man an den heißen Dämpfen, die vereinzelt aus dem Boden steigen. Durch Vulkanausbrüche sind Höhlen entstanden, unterirdische Gänge und tiefe Schluchten. Manchmal schimmert in den aufgerissenen Abgründen Eis, das auch in den wärmsten Sommertagen nicht schmilzt. Das sind die Keller der Natur. Es gibt Stellen, deren Oberfläche durch den Lavafluß wie eine Tischplatte geglättet ist, und daneben befinden sich Gebiete mit chaotisch aufgetürmtem Geröll. Die Gebirgsjäger nutzen einige der steilwandigen, trogartigen Abgründe für ihre Zwecke. Im Frühjahr fangen sie ganz junge Wölfe und setzen sie in den Schluchten aus, die keine Verbindung zu Nebenschluchten haben. Ihre Steilwände, bis zu zehn Meter hoch, bilden einen Käfig, aus dem die Wölfe nicht entkommen können. Nur die Felströge werden genutzt, die einen Wasserzufluß haben. Bis zum Spätherbst werfen Jäger den Tieren Nahrung hinunter, dann hat sich das dichte Winterfell gebildet, die Wölfe werden geschossen und die Felle abgeliefert.

Zum Glück liegt das vulkanische Gebiet weit weg, wer weiß, vielleicht hätte uns der Jäger an so einen Felstrog herangeführt und wir müßten einem frierenden und abgemagerten Wolf in die Augen sehen. Woran erkenne ich dann den «geschätzten» Gegner?

Verlassen wir den schönen Platz, es wird Zeit für mich, zurückzufahren. Der Tierarzt erhebt sich. Die Wodkaflasche ist doch leer geworden. Der frühe Abend färbt die Schatten der Hügel blaugrau, und der Wind weht kühl. Es war ein schöner Tag, bedanke ich mich. Suchend schaut der Jäger auf den Boden, hebt einen flachen Stein auf und bedeckt damit die Flaschenöffnung. Möge das Fläschchen sich neu füllen, wünscht er, damit die nächsten Jäger auch ihr Jagdglück begießen können. Vielleicht sind wir es selbst?

Ob sie schon jemand gezählt hat, die Legenden um Tschingis Chaan? Viele wurden erfunden und bald vergessen, viele wandelten mit den Jahren ihren Sinn und wurden zu anderen Geschichten.

Der See mit der Insel darin, auf der Tschingis Chaan einer Legende nach geboren sein soll, ist heute nur noch ein Teich. Die Insel ist seit einigen Jahren verschwunden. Immer kleiner ist sie geworden, und eines Tages glitzerte nur noch Wasser an der Stelle, wo sie einst gewesen. Vielleicht haben die reichen Opfergaben in den vergangenen Jahrhunderten sie so schwer werden lassen, daß sie samt ihren Schätzen, Gold, Silber und Edelsteinen, tief in den Berg gesunken ist.

Eigentlich waren es drei Seen, dicht beieinander, oben in den Bergen mit den dunklen Wäldern. Auch der westliche See ist nicht mehr. Sein Gewässer hat der Berg aufgesogen, und nur eine sumpfige Mulde ist übriggeblieben. Der östliche See gleicht einer Schale, mit Schilf umkränzt, hinter dem mit Stangen eine Art Zaun errichtet ist, um Mensch und Tier vor dem Einsacken zu schützen. Ein paar Wildenten schlafen in seiner Mitte.

Zwischen diesen beiden Seen liegt der, den seine Insel berühmt gemacht hat. Über ihn hinweg tönt heute Musik von Lautsprechern. Die Schreie der Elstern, die sich von den Kiefern herunter auf die Dächer der rotbraunen Blockhäuschen schwingen, klingen nicht so melodisch. Hier ist ein staatliches Kurheim entstanden. Für sechs Mark pro Tag erhält man ein Bett, drei warme Mahlzeiten, zwischendurch muß man Heilwasser trinken und Joghurt essen nach Vorschrift. Als ich mit einem mongolischen Maler hier ankomme und nur vorübergehend um Unterkunft bitte, nützt alles nichts: Eine Karteikarte wird angelegt, wir werden gewogen und wie jeder andere Kurgast der ärztlichen Kontrolle unterstellt.

Hinter dem Zaun, der das Kurgelände umgibt, hört man das Lachen und Schreien der Kinder, die ihre Ferien in einem Pionierlager verbringen. In diesem Jahr sind es die Pioniere aus den östlichen Bezirken, die weder Wälder, Gebirge noch rauschende Flüsse kennen.

Von seinem weißen Sockel schaut der alte Großchaan der Mongolen stumm über die Köpfe der fröhlichen Kurgäste. War es wirklich seine Geburtsinsel? Begraben jedenfalls wurde er in der Schlucht eines schwer zugänglichen Berges. Das gilt als bewiesen durch das Studium alter Dokumente. Gefunden wurde das Grab aber nicht, doch soll es in der Nähe seines Geburtsortes liegen. Ganz nebenbei erkundige ich mich bei den Kurgästen, wo der Berg und wie weit er wohl entfernt sein könne. Seinen Namen kennen sie alle: Burchan-Chaldun. Doch dann wird es schwierig. Die meisten bedauern, es selbst nicht zu wissen. Einige behaupten, er läge sehr weit, ein anderer widerspricht, er sei ganz nah. Ich berate mich mit meinem Begleiter, und da wir uns für tüchtige Wanderer halten, machen wir uns gleich nach dem Frühstück auf den Weg, um diesen unbekannten Berg zu suchen.

Wir zweifeln nicht daran, ihn zu finden. Hatte doch Tschingis Chaan selbst seinen Begräbnisberg ausgewählt, und das zu einer Zeit, in der er ein gewaltiger Herrscher in Asien war. Mußte da nicht auch dieser Ort gewaltig sein? Zu unserem Glück begegnen wir bald einem Reiter mit einem Gewehr. Auf unseren Zuruf, in welcher Richtung wir den Burchan-Chaldun finden können, ruft er zurück: Im Norden.

Im Norden fließt der Baldsh-Fluß. Er windet sich durch ein breites, sumpfiges Tal. Braunschwarze Wasserlachen glänzen zwischen Grasbüscheln, unsere hohen Schnürschuhe sind im Nu bis obenhin mit Schlamm gefüllt. Mückenschwärme steigen auf, Bremsen mit giftgrünen Köpfen stechen durch die Jacken in die Haut. Jenseits des Flußtales versperrt eine Hügelreihe die Sicht. Samtgrün leuchten die Hänge herüber, in den oberen Regionen in ein mattes Graubraun übergehend. Zu ihnen zu gelangen ist jetzt unmöglich, der Baldsh führt Hochwasser. Lange laufen wir am Ufer entlang, mit dem Fernglas die rauhen Pässe und Einschnitte der Umgebung absuchend. Aber ein auffallend merkwürdiger Berg ist nicht dabei. Er wird wohl hinter jenen Hängen liegen, unerreichbar für uns Fußgänger.

Auf großem Umweg und unsere Enttäuschung verbergend, nähern wir uns wieder dem Kurheim. Da es aber noch nicht so spät ist, reicht die Zeit noch aus, um einen Spaziergang rings um den Berg zu machen, der

Versammlung

nahe dem See mit der Insel liegt. Hoch ist er nicht, dafür ringsum dicht bewaldet. Kein Weg führt hinauf.

Um die Sonne haben sich Wolkenschleier gelegt, ihr Licht ist weich, und die Schatten haben fließende Grenzen. Der Wald, der unvermittelt am Fuße des Berges beginnt, wirkt wie eine kunstvoll gestrickte Mütze, die über einen Felskegel gezogen ist. An seinem Rande blühen die buntesten Steppenblumen. Schmetterlinge, handtellergroß, mit weißen Flügeln, flattern vor uns her. Eine Kiefer, die der Sturm umgebrochen und auf die Wiese geworfen hat, bestimmen wir als Rastplatz. Erst einmal ausruhen. Brot und kaltes Fleisch, dazu Tee aus der Plasteflasche und ein paar klebrige Bonbons – es fehlt nichts zu einem Mahl. Als Beigabe verströmt der Wald einen Duft von Kiefernzapfen, welkenden Kräutern und Harz. Nur wenige Schritte hinter den ersten Bäumen beleuchten Sonnenstrahlen eine Baumwurzel. Gelbsternige Blumen wachsen unter ihr hervor, schieben sich mühsam durch zerfallende Borke. Warum sollte ich nicht eine der Blumen pflücken als Trost für eine erfolglose Unternehmung? Schon berühren meine Finger den schlanken Stengel, da stößt mein Fuß an einen metallenen Gegenstand. Zwischen Zapfen und Borkenstückchen liegt ein Messingkelch, dunkel geworden von ungezählten Tagen und Nächten. In diesem Moment kommt mir der Gedanke: Dieser Berg ist der Burchan-Chaldun! Durch diese Gabe hat er sich offenbart.

Verblüfft und verwundert drehen wir das Gefäß in der Sonne. Noch vor vierzig Jahren vielleicht mag es auf einem Hausaltar gestanden haben, gefüllt mit gelber Butter oder Milchbranntwein. Ich leugne nicht, daß ich diesen Fund gern mitnehmen würde. Aber ich denke an die strengen Augen der mongolischen Zollbeamten, wenn sie ihn an der Grenze aus dem Koffer ziehen. Also tragen wir den Kelch aus dem Sonnenlicht zurück in den Schatten der Bäume. Mit den Händen graben wir eine Mulde, füllen das Gefäß mit Bonbons und legen es wieder in die Erde, der es wohl ursprünglich geweiht worden ist. Dann verwischen wir jede Spur. So hat man es auch mit dem Grab von Tschingis Chaan gemacht.

Der rotgoldene Schimmer des Abendlichtes überzieht die Silhouetten der Hügel und fängt sich an den Spitzen der Bäume. Es ist Zeit, zurückzugehen.

Wie heißt jener Berg dort, von dem wir kommen? Der Mann, der den Zaun am Kurheim repariert, richtet sich auf. Der da? Das ist der Burchan-Chaldun.

Später gerät mir eine mongolische Schrift in die Hände, in der nachgewiesen wird, daß Tschingis Chaan auf einem anderen, weiter westlich liegenden Berg, ebenfalls Burchan-Chaldun genannt, beigesetzt sein muß. Doch das bringt mich nicht in Verwirrung. Für mich wird dieser Berg immer der bleiben, für den ich ihn gehalten habe.

Mein Atem geht schwer in der lähmenden Mittagshitze. Mit den Füßen streife ich über das Gras, und meine Schritte sind lang und müde. Der Fluß, der die Steppe nach Norden hin abgrenzt, reibt sich an waldlosen Felsen. Von dort kommt keine Kühle, es ist windstill. Ein paar Pferde stehen dicht zusammen, mit ihren Schweifen vertreiben sie die lästigen Mücken. Weder ein Mensch noch ein Tier sind zu sehen. Ich streife ziellos umher. Wenn ich über die Hügel in die stillen Weiten sehen kann, bin ich ruhig und froh. Da nehme ich auch die Hitze gelassen hin.

Von Osten kommend, nähert sich eine kleine Gruppe Araten. Sie ziehen zu einem neuen Weideplatz. Die Söhne sind mit der Herde schon vorgeritten. Die Familie folgt, nachdem das Haus aus Filz und der gesamte Hausrat nach uralten, bewährten Regeln zusammengepackt und in den kleinen Wanderwagen untergebracht ist. Diese Wägelchen sehen wie Holzhäuschen aus. Nun kommen die Reiter langsam heran, und als sie mich entdecken, macht die Karawane halt. Die Räder quietschen, und die ohne Federung auf den Achsen lastenden Wagenkästen knarren noch einmal, ehe alles zum Stehen kommt. Neugierig und freundlich schauen sie auf mich herunter.

Alles Gute zwischen Himmel und Erde! ruft der Älteste als Gruß. Ich höre diesen schönen alten Gruß zum erstenmal und gerate in arge Verlegenheit, weil ich nicht weiß, wie ich ihn zu erwidern habe. Schweigen breitet sich aus, wir sehen uns allesamt lächelnd an. Mir scheint, als erwarten sie von mir auch keine Antwort. Endlich ermutige ich mich und frage: Wie geht es Ihrer Gesundheit, Vater? Sind die Ihren wohlauf?

Das Lächeln auf seinem Gesicht wird breit. Oho! sagt er nur und dann: Woher kommst du? Was gibt es Neues und Schönes?

Sie führen drei Wagen mit sich, am letzten ist an einer hohen Stange ein weißes Fähnchen befestigt. Wind und Regen, Sonne und Frost haben es zerschlissen und die Umrisse eines aufgedruckten Pferdes fast unkenntlich gemacht. Es ist das Windpferdchen, das nach lamaistischem Glauben die Gebete schnell ihr Ziel erreichen läßt, damit die geäußerten Wünsche bald in Erfüllung gehen. Die magische Kraft des Pferdes wird erst dann wirksam, wenn es im Wind bewegt wird. Deshalb wird es auf ein Fähnchen gemalt. Manchmal auch auf Papierstreifen, die von einem erhöhten Platz aus dem Wind überlassen wurden. Von diesen Fähnchen habe ich zwar gehört, weiß auch, daß sie von der Bevölkerung schon längst nicht mehr benutzt werden, deshalb bin ich überrascht, doch noch so ein Überbleibsel aus vergangener Zeit zu sehen. Der Alte bemerkt, daß ich das weiße Stoffetzchen verblüfft anstarre. Doch er sagt nichts. Auf einem Pferd sitzen zwei Frauen, eine junge und eine hochbetagte. Vielleicht hat die alte Mutter nicht mehr die Kraft, ein Pferd zu zügeln, deshalb hat die Enkelin sie hinter sich auf das Pferd genommen. Ein Auto, das die Frauen zum nächsten Weideplatz hätte bringen können, war gerade nicht in der Nähe. Sicher gehört dieser Familienältesten auch das Windpferdfähnchen. Ein wiederholtes Kopfnicken, dann reiten sie alle davon. Die Mädchen drehen sich um und winken. Die seidenen Kopftücher der Frauen leuchten wie sanft wippende Blumen in der Sonne, bis eine Mulde die kleine Karawane aufnimmt und meinen Blicken entzieht. Nur das weiße Stoffetzchen taucht noch ab und zu aus der Senke auf, ein dahinziehendes, verblassendes Wölkchen.

Ich wende mich in die entgegengesetzte Richtung. Bei jedem Schritt fliegen die großen Heuschrecken auf, flattern mit lautem Knarren eine gute Strecke voraus, machen eine plötzliche Wendung nach oben und senken sich wieder in das staubtrockene Gras. Die jungen Murmeltiere, die sonst neugierig ihre Nasen in die Luft rekken, erwarten schlafend die Abendkühle im Innern des Baues. In der grellen Sonne flimmern die Hügelketten, die Berge sind schattenlos und nehmen in der Ferne die Farbe des Himmels an.

Zwei Jurten tauchen hinter einer Anhöhe auf. Still liegen sie unter dem blauen Himmel. Am Morgen hatten die Frauen Quark gepreßt und ihn auf einem rechteckigen Brett mit erhöhtem Rand ausgestrichen. Regelmäßig sind waagerechte und senkrechte Linien wie ein Netz eingeschnitten, und nun trocknet die Masse auf dem Jurtendach. Zwei, drei Tage dauert es, bis die Feuchtigkeit herausgezogen ist. Sobald die weißen Vierecke steinhart geworden und zusammengeschrumpft sind, werden damit die leinenen Säckchen wieder gefüllt. So machen die Mongolen ihren Aaruul. Dieses wichtige, vitaminreiche Nahrungsmittel läßt sich bei trockener Lagerung mehrere Monate aufbewahren.

An der Jurtenwand lehnt eine hohe, dünne Stange, leicht mit einem Lederriemchen am Filzdach verankert. Oben an der Stange hängt ein Fähnchen. Obwohl ich nicht die Absicht habe, durch dieses Tal zu wandern, in dem die Jurten stehen, so lockt mich doch das Fähnchen. Ob es ein Windpferd trägt? Ich gehe darauf zu. Es ist ein Streifen sauberer Gaze. Die Stange, an die er geknotet ist, hat eine Schlinge aus festem Seil. Ich bin im Bilde: Die Araten hier sind Pferdezüchter. Mit dieser Lassostange werden die ungezähmten Pferde eingefangen. Heute haben die praktischen Frauen sie als Fliegenwedel eingesetzt, um ihren Aaruul zu schützen. Leider ist der Wind ausgeblieben, und ihre Erfindung bringt noch keinen Nutzen.

In der Jurte wird gesprochen. Ich klopfe leise an die niedrige Tür. Das Gespräch verstummt augenblicklich. Wenn angeklopft wird, kann es nur ein Gast sein, der hier fremd ist. Solche Gäste sind selten. Die Araten, die mit ihren Herden durch dieses Weidegebiet ziehen, kennen sich untereinander. Es sind nicht viele, und sie dürfen eintreten, ohne anzuklopfen.

Da ertönt das laute Oroo!, mit dem der Gast hereingebeten wird. Eine sehr alte Frau sitzt auf dem Bett, der Rosenkranz aus hundertacht Sandelholzperlen gleitet mechanisch durch ihre ausgemergelten Hände. Sie schaut starr auf die Tür. Zu ihren Füßen sitzt eine ganz junge Frau, einen Säugling an der Brust. Als ich eintrete, erhebt sie sich von der Filzmatte, legt das Kind neben die Greisin und fordert mich durch eine Handbewegung auf, an der Nordseite Platz zu nehmen. Während ich den Ehrenplatz einnehme und wir Höflichkeitsworte wechseln, macht sie sich am Ofen zu schaffen. Auch in der Jurte ist es sehr warm, und ich bitte sie, kein Feuer zum Teekochen anzuzünden, obwohl es die Gastlichkeit erfordert hätte. Wir trinken heißen Milchtee aus der Thermosflasche.

Die Urgroßmutter sei fast blind, aber sie höre noch recht gut mit ihren zweiundachtzig Jahren. Sie wolle auch immer wissen, wo sich das Kind befinde. Die junge Frau sagt es lächelnd, zeigt dabei auf ein winziges Schuhpaar aus Ziegenleder. An jedem Schuh ist eine Schelle befestigt. Das sei ein nützlicher Brauch, denn wenn das Söhnchen draußen herumkrabbele, höre man im Innern der Jurte, wenn es sich zu weit entferne.

Auf dem Bett liegt das Kinderjäckchen. An seinem Rücken sind eine bunte Quaste und eine Perle angenäht. Früher waren es ein silberner Pfeil und ein Bogen. Das sollte die Knaben vor Feindseligkeiten schützen und Klugheit und Tapferkeit fördern. Die Mädchenjacken wurden mit einer silbernen Glocke und einer ebensolchen Axt ausgestattet. Die Glocke symbolisierte Talent, die Axt Kraft. Dieser Brauch gerät in Vergessenheit, weil Glück und Wohlergehen von der Lebenstüchtigkeit des einzelnen selbst abhängen. Aber der Wunsch, zu schmücken, ist geblieben. Jetzt ist es ein Ausdruck von Zärtlichkeit und Fürsorge, wenn Kinderjäckchen mit kleinen Gegenständen verziert werden.

Die alte Frau mit dem dunklen Gesicht hat sich vom Bett heruntergleiten lassen und dreht ihren Kopf ganz dicht zu mir. Buddha, wundert sie sich, was für ein großäugiges Kind ist zu uns gekommen.

Ist es nicht manchmal wohltuend, mit Kind angesprochen zu werden? Hier wird jeder, der das ungefähre Alter der eigenen Kinder hat, mit den freundlichen Worten «mein Kind» bedacht, und das Du ist dabei genauso selbstverständlich wie der Jüngere Vater oder großer Bruder sagen darf, er muß aber das Sie beibehalten.

Ich erzähle den Frauen, warum ich zu ihrer Jurte gekommen bin, und lobe die Erfindung mit dem Fliegenfähnchen.

Es ist die einfachste und schnellste Art, Aaruul zu machen, indem man den Quark in Vierecke schneidet. Aus einer braunroten Kiste werden Quarkmodel hervorgeholt. Runde, ovale, längliche, mit eingeschnittenen Symbolen und Mustern. Man sieht es ihnen an, daß sie oft in Gebrauch waren und noch sind. Einer von ihnen muß schon sehr alt sein. In seinen Boden ist ein achtspeichiges Rad eingeschnitten. Zu dieser Form gibt es folgende Legende: Der gegenwärtige Buddha wurde an dem Tag, an dem er nach langer Askese die Erleuchtung erlangte, von dem Gott Brahma gebeten, das Rad der Lehre in Bewegung zu setzen. Das hieß, er sollte den Unwissenden die heilige Lehre in der Sprache seiner Zeit verkünden. Somit steht das achtspeichige Rad als Symbol für den Beginn des Buddhismus und auch als Symbol für Buddha selbst. Die acht Speichen stellen den achtstufigen Weg zur Erlangung der Buddhawürde dar.

Wenn man bedenkt, daß der Buddhismus, richtiger:

seine Sonderform, der Lamaismus, lange Zeit in der Mongolei Staatsreligion war, so ist es nicht verwunderlich, ein religiöses Symbol in einem Quarkmodel zu finden. In Thüringen habe ich auch einen alten Buttermodel mit dem Symbol Christi als Lamm Gottes gesehen. Eine andere Quarkform trägt das Zeichen des mannigfaltig verschlungenen Lebensbandes, Ausdruck für Glück und Frieden, das Ölzij. Es ist ein uraltes mongolisches Muster und wird noch heute als Schmuck auf den verschiedensten Gegenständen angebracht. Auch in dieser Jurte überzieht es die Vorderseite der Truhe, ziert eine Fellweste und wird gern auf die Tür gemalt. In der Hauptstadt ist es als gliederndes Ornament an manchem Hochhaus zu sehen.

Die junge Frau reicht mir eine Schale mit Wurm-Aaruul, der schon hart und trocken ist und ein merkwürdiges Aussehen hat. Das Rezept: Vom reichlich gezuckerten Quark wird die Molke ausgepreßt, danach durch eine Handpresse, die genauso wie unsere Kartoffelquetsche aussieht, gedrückt. Dadurch entstehen Quarkstrippen, die wie Würmer aussehen. Wenn sie getrocknet sind, schmecken sie süß und knusprig wie eine Leckerei. Viele Methoden gibt es, dem Aaruul Form und Geschmack zu geben. Im heißen Süden wird er anders gegessen als im bewaldeten Norden, wo Wildzwiebelstückchen hinzugefügt werden, und die in den westlichen Bergen leben, haben andere Vorlieben als die Bewohner der östlichen Steppen.

Gib ihr eine Schnur mit auf den Weg! Die Greisin hat uns zugehört, ohne ihre Anteilnahme zu zeigen. Nun gibt sie die Anweisungen mit leiser Stimme. Ein

Kasten wird unter dem Bett hervorgezogen, er hat keinen Deckel. Prallgefüllt liegt ein Leinenbündel darin. Behutsam löst die Jüngere den Knoten und legt die Stoffenden glatt über den Kastenrand, so daß die auf eine Schnur gereihten, schneeweißen Aaruulstücke zum Vorschein kommen. Sie nimmt die obere Schnur heraus. Ungefähr dreißig runde, blumenähnliche Stücke sind daraufgezogen. Zusammengebunden wirken sie wie ein Blütenkranz. Es liegen wohl zehn solcher Schnüre in dem Kasten, luftig, trocken, Vorrat für die milcharme Jahreszeit.

Hinter der Gitterwand steckt eine Zeitung. Sie wird zum Einwickeln des Geschenkes benutzt. Währenddessen streife ich meine hochgekrempelten Hemdsärmel herunter und zupfe sie ordentlich zurecht. Mit beiden Händen – so fordert es der Anstand – nehme ich das Paket entgegen und verneige mich dankbar vor der alten Mutter, die mich aber nicht weiter beachtet. Die junge Frau gibt mir noch ein paar Schritte das Geleit, schaut suchend umher, ob die Hunde zu sehen sind, und geht dann zurück. Als ich mich noch einmal umblicke, ist sie schon verschwunden. Das weiße Fähnchen hängt noch immer still über dem Aaruul. Es erinnert mich an die freundlichen Wünsche der durchziehenden Araten: Alles Gute zwischen Himmel und Erde! Ich habe eine schöne Stunde erlebt bei gastfreundlichen Frauen, halte das Geschenk, eine Schnur Aaruul, in den Händen. Sind diese Wünsche nicht schon in Erfüllung gegangen?

Mir ist noch nicht eingefallen, wie ich es wohl anstellen könnte, meinen Ausflug in diese Siedlung über das Fest hinaus auszudehnen.

Das Naadam mußt du in Ulan-Bator sehen! Da ist was los! Die besten Reiter, Ringer und Bogenschützen des Landes wetteifern miteinander, die allerbesten! So oder ähnlich bekam ich es zu hören, wenn vom Naadamfest die Rede war. Ich widersprach nicht. Einmal habe ich es dort miterlebt, es gab wirklich viel zu sehen. Aber mit den Festen geht es mir wie mit den Städten. Eine große Stadt zieht mich nicht an, sie ist für mich unübersichtlich, laut, unpersönlich, ihr turbulentes Treiben und Lärmen stört mich. Ein großes Fest finde ich auch sehr anstrengend, überall passiert etwas, alles soll man ansehen, nichts darf man verpassen, es wird geschubst, gerannt, geschrien. Nein, ich ziehe die kleineren Stätte vor, die bescheidenen Geselligkeiten.

Obwohl ein Somon manchmal größer ist als ein Bezirk in der DDR, hat doch sein Verwaltungszentrum den Umfang eines Dorfes. Hier stehen die flachen Verwaltungshäuser, die Schule mit dem Internat, die Krankenstation, der Klub. Außerdem Jurtensiedlungen, die sich im Herbst ausdehnen, wenn halbseßhafte Araten zum Überwintern in den Somon kommen. Es gibt auch ein Übernachtungshaus. Hier habe ich mein Bett.

Mir kommt der Zufall zu Hilfe, richtiger gesagt, der Regen. Er fällt seit vier Tagen pünktlich von Mittag bis zum Spätnachmittag. Da fliegt kein Flugzeug vom Aimak herauf. Also, ich muß, darf das Fest hier miterleben!

Sie kommen von den Bergen herunter und aus den Steppentälern. Schon am Morgen sind die ersten eingetroffen, die Jungen, Ungeduldigen. Bis zum Mittag werden auch die anderen versammelt sein, und der Platz wird einem Reiterlager gleichen.

Heute beginnt das Naadam, das traditionelle Sportfest. Das bedeutet Frohsinn, Essen und Trinken, Wiedersehen mit alten Bekannten. Aus allen Richtungen ziehen sie herbei, um in ihrem Somon das Fest mitzuerleben. Deshalb wurde der Deel, der für besondere Anlässe aufbewahrt wird, aus der Kleidertruhe genommen und angelegt. Vereinzelt kommen sogar Stücke zum Vorschein, die vor vielen Jahren genäht worden sind. An den pastellfarbenen Brokaten mit den Drachen- oder Chrysanthemenmustern sind sie leicht zu erkennen. Aus welchen Familien mögen sie wohl stammen, diese Deels oder deren Träger? Drachenmuster waren früher der Aristokratie vorbehalten. Die älteren Frauen halten ihren Zopf mit perlenbesetzten Spangen zusammen, die sie gern bewundern lassen, während die jungen Frauen und Mädchen neue Stiefel mit hohem Absatz angezogen haben. Das allerdings sehr zum Mißbehagen der Alten, weil die Absätze oft genug im Steigbügel hängenbleiben und böse Stürze verursachen. Aber die Jungen sind so stolz auf ihre Absätze, auf ihren Anschluß an die modische Stadtwelt, da läßt sich nichts machen.

Und Orden leuchten an den Seidengewändern. Das muß auch sein, denn heute ist der 11. Juli, der Jahrestag der Mongolischen Volksrevolution. Seit ihrem ersten Jahrestag 1922 werden die Naadamwettkämpfe am selben Tag ausgetragen. Beide Feste sind seither miteinander verschmolzen. Vorher bestimmten die einzelnen Fürsten, wann und wo ihr Naadam stattzufinden hatte.

Die drei Spiele der Männer heißt das Fest korrekt. Es ist ein sehr altes Fest der Steppenvölker. Wer überleben und sich behaupten wollte, mußte ein schneller Reiter sein, sicher mit Pfeil und Bogen umgehen können und im Zweikampf der Überlegene bleiben. Deshalb wurden bei den sportlichen Spielen Kraft und Gewandtheit erprobt und Ruhm davongetragen. Reiten, Ringen und Bogenschießen sind die Disziplinen, in denen man bis in unsere Tage im ganzen Land seine Kräfte mißt.

Die Eröffnung der drei Festtage erfolgt mit einer feierlichen Massendemonstration, die traditionelle Ansprache an die Bevölkerung verkündet die erreichten Erfolge und die neuen Ziele. Das ist bei Jahrestagsreden immer so. In der Hauptstadt gibt es eine große Demonstration und eine Rede, die von der Tribüne des Regierungspalastes gehalten wird.

Hier in dem kleinen Somon in den Bergen sitzt man vor der blaugestrichenen Holztribüne im kurzen Steppengras, raucht Pfeife oder trinkt Tee. Die Pferde warten geduldig neben ihren Besitzern, sie tragen festliches Zaumzeug und rotlackierte Sättel mit aufgesetzten Ornamenten. Massiv Silber, versteht sich. Pflanzenmotive, alte Glückszeichen und daumennagelkleine Pferdeköpfchen in vielen Varianten – es ist wie eine Ausstellung mongolischen Kunsthandwerks.

Schon gestern haben Männer die Festversorgungsjurte mit den beiden großen Eisenblechöfen aufgestellt. Nun wird für alle Milchtee gekocht, eine Schale voll kostet zehn Mungu, das sind siebeneinhalb Pfennig. Die vorbereiteten, mit Fleisch gefüllten Teigtaschen werden gedämpft, das Stück für fünfzig Mungu. Wer das Glück hat, sich an der Holzbude bis zur Verkäuferin vorzudrängen, kann Zigaretten und Bonbons, Bier und Mandarinenkompott kaufen.

Die Somonleitung ist auf die Tribüne gestiegen, ein paar Kinder klettern hinterher. Herzliche Worte sind es, die der Parteisekretär zur Begrüßung spricht, herzlich vielleicht deshalb, weil er jeden einzelnen der Gäste kennt, von ihren Problemen weiß und oft auf die entlegensten Weideplätze fährt, um mit ihnen zu sprechen. Von langen Reden hält er nichts. Nur wenige Sätze sagt er, dann beginnt das Fest. Das Pferderennen gibt den Auftakt. Alle Anwesenden schwingen sich in die Sättel, es wird gerufen und gerempelt, Wetten werden ausgehandelt, die Ferngläser hervorgezogen. Ich werde zum Bürgermeister gerufen, der mich zum Ehrengast des Festes ernennt. Das bedeutet für mich, daß ich den Siegern der Wettkämpfe ebenfalls die Hände schütteln und ihre Glückwunschschnäpse mittrinken muß.

Die Rennstrecke ist mit roten Fähnchen markiert. Die Hengste, die älter als fünf Jahre sind, haben eine Strecke von fünfunddreißig Kilometern zu meistern, die genau Fünfjährigen zwanzig Kilometer, die Vierjährigen fünfzehn und die Drei- und Zweijährigen jeweils zehn Kilometer. Die Pferde dürfen im Wettkampf nur von Kindern im Alter von sechs bis zwölf Jahren geritten werden, so will es der Brauch.

Wie schön sie aussehen, die kleinen Reiter! Zipfelmützen haben sie aufgesetzt. Dem einen hängen drei Zipfel über die Ohren, der andere hat einen Kopfputz aus einer einzigen, steil aufragenden Spitze, mit Bändern und Ornamenten benäht. Ein paar Kinder haben spezielle Wettkampfanzüge. Das sind diejenigen, die schon einmal Sieger waren. Die wichtigsten Teilnehmer, die Pferde, sind weniger geschmückt. Über der Stirn wurde die Mähne zu einem aufrechtstehenden Pinsel geflochten, mit roten Bändern umschnürt. Den Siegerpferden aus vergangenen Rennen haben ihre Besitzer eine Medaille aus Pappe umgebunden.

Nun reiten sie langsam hinaus zum Start, die mutigen Kinder, begleitet von Müttern, Vätern, Tanten und Brüdern. Viele Ratschläge gibt es noch, manch liebevollen Klaps auf die Schulter.

Der Bürgermeister hat einen Dienstjeep. Jetzt sitzt er mit seinen drei Kindern darin, auch der Gewerkschaftsfunktionär sowie zwei alte Frauen, der Kraftfahrer und ich. Weit draußen, neben dem letzten Markierungsfähnchen, wartet der Startmeister. Zu ihm fahren wir jetzt. Als die ganze Schar auf zehn Meter herangekommen ist, ruft er sein Kommando: Nun aber los! Tempo! Tempo! Sofort sprengen alle zusammen auf Mann und Fähnchen zu, wenden im kühnen Bogen und galoppieren zurück, Richtung Holztribüne. Die kleinen

Reiter schreien auf ihr Pferd ein, die nebenherjagenden Verwandten schreien auf ihren kleinen Reiter ein oder versetzen dem Pferd mit einem Stock einen Schlag. Es geht um die Ehre der ganzen Familie.

Am Rande der Rennstrecke warten die Schaulustigen. Sie fiebern der gelben Staubwolke entgegen, die die Hufe der ersten Pferde aufwirbeln. Die Erde erzittert, die kehligen Schreie der Reiter steigern sich, und schon sind die Zuschauer von Staub umhüllt. Als die Wolke durchsichtig wird, sind die Pferde längst vorübergebraust. Zwei Pferde rennen ohne ihre Reiter durchs Ziel und werden eingefangen. Die Kinder sind vor Aufregung heruntergepurzelt. Daraus macht niemand ein Drama, so etwas kommt vor. Wir Autofahrer kommen als letzte durchs Ziel.

So geht es bis zum Abend und den nächsten Tag hindurch. In den Pausen treffen die Ringer aufeinander, und die Bogenschützen zeigen ihr Können. Das große Interesse aber gilt dem Pferderennen. Die Besitzer der jeweils ersten fünf Siegerpferde werden beglückwünscht, sie müssen Kumys und Wodka trinken. Ihre Augen glänzen vor Freude, jeder freut sich auch über den Sieg des anderen. Dann findet die öffentliche Ehrung statt. Die Holztribüne, auf die man mit einer Leiter steigen muß, ist dicht umlagert. Dreimal umreiten die erfolgreichsten Reiter den Platz, wieder begleitet von Verwandten und Freunden. Der alte Batchujag, ein tüchtiger Pferdezüchter und erfahren in derlei Dingen, übernimmt die Vorstellung der Sieger. Selbst hoch zu Roß, hält er eine Silberschale Kumys in der Rechten. Mit hoher Stimme improvisiert er singend ein Loblied auf

jeden einzelnen, singt davon,
daß der kleine Reiter behende und leicht
wie ein Sonnenfalter
auf dem Rücken seines Pferdes sitzt,
das diese Last kaum spüre,
daß dieses das schnellste Pferd
der heimatlichen Weidegebiete ist,
mit Augen dunkel und glänzend
wie ein Bergsee am Abend,
wenn Gewitterwolken aufziehen,
daß seine blanken Hufe
die Steppenblumen nicht berühren,
weil es wie ein Pfeil davonfliegt,
daß seine lange Mähne,
die sich wie ein Seidenumhang anschmiegt,
ein Zeichen für seine außergewöhnliche Rennkraft ist ...

Die Poesie seines Lobliedes wird sehr geschätzt. Vom Siegertrank aus der Kumysschale erhält das Kind die ersten Schlucke, das übrige gießt Batchujag auf die Kruppe des Pferdes. Schon oft in seinem Leben hat er dieses Ritual vollzogen. Dann führt er das so geehrte Pferd dicht an die Tribüne heran, damit der kindliche Sieger aus der Hand des Parteisekretärs Geschenke entgegennehmen kann: Bonbons, eine Zahnbürste und einen Füllfederhalter. Der Besitzer des Pferdes erhält eine Urkunde und die begehrte Medaille, in einem Briefumschlag eine Prämie von fünfunddreißig Tugrik.

Inzwischen haben sich die Ringer vorbereitet. Viele sind es nicht. Die Sekundanten der beiden gegnerischen Seiten tragen keinen roten oder blauen Deel, wie es eigentlich vorgeschrieben ist. Im Aimakzentrum, wo die

Besten der Somone ringen, oder in der Hauptstadt, wo sich die Besten der Aimaks gegenüberstehen, ja, da ist alles gut organisiert. Dagegen geht es hier gemütlich zu, beinah wie auf einem Familienfest. Aber die Ringer müssen trotzdem die kleine Hose und die Weste, besser: die langen Ärmel, die auf dem Rücken zusammengenäht sind und die die Brust unbedeckt lassen, tragen. Das sind echte textile Kunstwerke, reich bestickt mit den schönsten Mustern und mit Bändern durchflochten. So einen Anzug besitzt nicht jeder, da muß man untereinander aushelfen.

Ein Hut wird herumgereicht, die Paare werden durch das Los ermittelt. Auch der Ringkampf beginnt mit einem alten Ritual. Die ersten beiden Ringer breiten ihre Arme aus und umhüpfen mit langen Schritten ihre Sekundanten, dabei die Arme wie Flügel bewegend: So wie der Adler von niemandem bezwungen werden wird, so unbezwingbar werde auch ich sein. Zur Unterstützung dieser Geste wechseln sie in eine gegrätschte Haltung mit leicht eingewinkelten Knien, beklopfen mit der flachen Hand die muskulösen Oberschenkel vorn und hinten: Seht die Kraft dieser Beine! Wie fest sie auf der Erde stehen! Keinem wird es gelingen, sie zu Fall zu bringen!

Nun kommen die Sekundanten an die Reihe. Sie stellen ihre Kämpfer vor, indem sie einen Wechselgesang anstimmen. Sie rühmen Kraft und Geschicklichkeit, betonen bereits errungene Siege und erfinden noch ein paar Besonderheiten hinzu. Jeder Sekundant schwört auf seinen Schützling, ist sicher, daß er der souveräne Sieger des folgenden Kampfes sein wird. Mit Superlativen wird nicht gespart. Für die Zuschauer ist das ein Vergnügen. Diese Vorstellung – sie ist es im doppelten Sinne – dauert oft viel länger als eine Runde im Ringkampf.

Die Runden sind kurz. Sobald einer der Ringer zu Boden geht, gilt er als besiegt und scheidet aus. Dazu zählt schon das Berühren des Bodens mit dem Knie. Nach jeder Runde ahmt der Sieger den Adlerflug nach. Als Zeichen seiner Unterlegenheit läuft der Besiegte unter dessen ausgestrecktem rechten Arm hindurch, womit angedeutet wird, daß der Stärkere den Schwächeren unter seine «Fittiche», unter seinen Schutz nimmt.

Ich sitze im Gras zwischen den Zuschauern. Sie sind für mich ebenso interessant wie die Ringer. Laut lachen sie, wenn ein Kämpfer vor Aufregung ausrutscht, und sie atmen hörbar auf, wenn ein Ringergriff gut war.

Eine Handvoll süßer Aaruulstücke ist der Lohn für den erfolgreichen Kampf. Einen Titel gibt es diesmal nicht, dazu sind zuwenig Ringer auf die Kampfwiese gekommen. Die beiden besten Ringer des Somons nehmen im Aimak am Naadam teil, in der Hoffnung, den niedrigsten Titel «Falke» oder gar «Elefant» zu erlangen. Aber auch aus anderen Somonen sind dort Ringer dabei, und die haben die größeren Wettkampferfahrungen. Deshalb wird es gleich gar nicht für den «Löwen» reichen, der die Voraussetzung ist, um den höchsten Titel, den «Titan», zu erkämpfen.

Trotzdem gibt es noch eine Überraschung. Unter den jungen Ringern ist ein Fremder. Eigentlich ist er in der Wüste Gobi zu Hause, aber er studiert in Ulan-Bator am Bautechnikum und wurde zum Praktikum in diesen nördlichen Somon geschickt. Vorgestern ist er angekommen, er saß hinten auf einem Lastkraftwagen und bekam ein Bett im Übernachtungshäuschen. Noch habe ich ihn nicht gesehen, ich weiß nur von ihm durch den Bürgermeister. Der Kampf beginnt. Es dauert lange, bis der Junge zu Boden gerungen wird, denn er hat eine gute Grifftechnik. Aber die Bergsöhne sind ihm an Kraft überlegen. Da erhebt sich ein hagerer Mann aus dem Kreis der Zuschauer und geht langsam auf den abseits stehenden Studenten zu. Sein kluges Reagieren im Kampf lobt er und ermutigt ihn, fleißig zu trainieren, denn er hätte die Anlage, ein tüchtiger Ringer zu werden. Aus dem Brustlatz seines Deels zieht er einen blaßblauen Ringeranzug mit rosa Paspel und Stickerei. Früher werden die Farben leuchtend rot und blau gewesen sein, die Nationalfarben der Mongolen.

Ich ringe schon lange nicht mehr, möge er dir Erfolg bringen! Mit diesen Worten legt er den Anzug in die Hände des Jungen, küßt ihn auf beide Wangen und setzt sich ruhig neben ihn ins Gras. Rundherum haben wir zugesehen. Jetzt schauen wir alle auf den jungen Mann, der vor Glück nicht weiß, was er sagen soll.

Bogenschießen, das dritte Spiel der Männer, wird ebenso von Frauen gepflegt. Und was deren Treffsicherheit angeht, so können sie sich recht gut mit den Männern messen. Die Anzahl der abzuschießenden Pfeile ist für Frauen und Männer gleich, lediglich die Zielentfernungen sind unterschiedlich. Wer die meisten der zwanzig Pfeile ins Ziel bringt, erhält den Titel «Mergen», der Treffsichere.

Die umhertollenden Kinder werden aus der Gefahrenzone gewiesen, und der Schiedsrichter gibt den Beginn des Wetteiferns bekannt. Heute wie vor vielen Jahren wird die erste Strophe eines alten feierlichen Bogenschützenliedes gesungen. Gleich darauf surrt der erste Pfeil durch die Luft – danebengeschossen. Durch Handzeichen signalisiert der Schiedsrichter dem Schützen, wieviel Zentimeter bis zum Ziel fehlen oder zuviel sind. So eine Leistung wird singend verspottet. Der nächste Pfeil. Getroffen! Hoch reckt der Schiedsrichter beide Hände, er singt ein Lob auf den Schützen! Die dritte Strophe wird von allen Anwesenden gemeinsam gesungen, wenn nach der letzten Runde der Sieger ermittelt ist. Dann gilt der Gesang nur ihm, dem Mergen. Das ist sein Glückwunsch, seine Ehrung. Eine Medaille wird ihm hier nicht überreicht, es bleibt ein Spiel, denn für einen richtigen Wettkampf fehlt es im Somon an guten Schützen.

Für diejenigen, die nicht an den Wettkämpfen teilnehmen, ist einer der Gründe ihres Kommens, sich mit Bekannten zu treffen. Die meisten von ihnen ziehen, weit voneinander getrennt, innerhalb des Somons von Weidegebiet zu Weidegebiet. Gerade die Schafzüchter sind ständig unterwegs. Deshalb ist so eine Gelegenheit, sich wiederzusehen, für alle willkommen. Ich habe den Eindruck, als kenne jeder jeden. Doch das täuscht. Heute sind sie in Festtagsstimmung, sind kontaktfreudig, fragen sich aus, suchen im Gespräch nach gemeinsamen Bekannten und stellen nicht selten fest, daß sie tatsächlich weit, manchmal sehr weit sogar, verwandt sind. Es ist doch fast wie ein Familientreffen. Da fällt dem einen oder dem anderen ein Lied dazu ein. Auch das gehört zum Fest: die Lust am gemeinsamen Singen. Jubel und Begeisterung, Sehnsüchte und Trauer in Gesängen auszudrücken, in die jeder sein eigenes Gefühl hineinlegen kann, ist das nicht Grund genug, zusammenzukommen? Doch die nützliche Technik will auch hier erleichterte Bedingungen schaffen. Für ein paar Minuten dröhnt auch bald ein schrilles Kreischen aus dem Lautsprecher über den Festplatz. Keiner erkennt darin das beliebte moderne Volkslied von der Heimat. Dann versagt die Technik auf dem Tribünendach. Der Somonelektriker versucht aufs neue, das Lärminstrument in Funktion zu setzen, denn Lautsprechermusik gehört heute nun mal auf jedes Fest!

Heute, am Tag der Volksrevolution, gibt es für die besten Viehzüchter ein Bankett. So heißt es jedenfalls. Der Bürgermeister, der gleichzeitig der Leiter der landwirtschaftlichen Vereinigung ist, möchte den tüchtigsten Mitgliedern seine Anerkennung aussprechen. Er will es sich nicht nehmen lassen, mich ihnen persönlich vorzustellen. Ich habe Bedenken. Auf meine Kleidung verweise ich, die einem Festakt nicht angemessen ist. Ach, das macht nichts, beschwichtigt er, darauf schaut doch niemand! Also, neunzehn Uhr im Klubhaus?

Diese Einladung kommt für mich unerwartet. Wie kann ich mich nur einigermaßen festlich herrichten? Meine Kordhose ist ausgebeult, der Pullover, nun ja, der ist noch sauber, aber festlich ist er nicht. Ein seidenes Tuch habe ich noch, kaum benutzt, das binde ich mir um den Kopf, so wie es die Mongolinnen tragen. Mehr schaffe ich nicht. Am Abend stehe ich den Besten gegenüber, fünfzehn festlich gekleideten Männern mit wettergegerbten Gesichtern und zwei jungen Frauen. Der Bür-

Der Sieger

germeister erklärt ihnen, daß eine «Einmanndelegation aus dem fernen Europa» anwesend ist, und mir nennt er die Namen seiner tüchtigen Leute, dabei findet er für jeden ein lobendes Wort, so daß ich schnell im Bilde bin, wer wofür durch das Bankett geehrt werden soll. Alle schütteln mir freundlich die Hand, so, als wäre ich nur deshalb von so weit hergekommen, um an ihrem Bankett teilzunehmen.

In der Mitte des Raumes steht ein langer Tisch mit niedrigen Bänken. Auf Teller kunstvoll aufgeschichtet Aaruul und Bonbons, in Flaschen stecken Sträuße gelber Steppenblumen, neben den Teeschalen stehen nochmals Flaschen mit Wodka. Ich setze mich zu den Frauen, der Schafzüchterin und der Zootechnikerin.

Schon werden die gefüllten Wodkagläser herumgereicht, und der Bürgermeister bittet um Aufmerksamkeit. Seine Festansprache dauert zwei Minuten, die des Parteisekretärs nicht länger als vier. Es sind schlichte Worte, die jeder versteht, und keines ist zuviel. Von der Freude ist die Rede, daß sie sich alle gesund eingefunden haben, vom Stolz über die ständig wachsenden Viehherden wird gesprochen, darüber, daß die Viehverluste im Winter gering waren, weil neue Viehunterstände gebaut wurden. Fleisch und Milch gibt es über das Soll hinaus, weil sie alle voneinander lernen zum Nutzen und für das Erblühen ihrer sozialistischen Heimat. Laßt uns darauf trinken!

Die Küchenfrauen bringen dampfende Buuds und Milchtee, zwischendurch füllen sie lächelnd die Gläser neu. Der Bürgermeister kann sich nicht mehr zurückhalten: Wollen wir nicht ein wenig singen? Die Schafzüchterin soll als erste beginnen! Ich befürchte, daß auch ich aufgefordert werde, ein deutsches Lied vorzutragen, und überlege, ob «Sah ein Knab ...» oder «Fritze Bollmann wollte angeln ...» angebracht ist. Doch meine Befürchtung erweist sich als unnötig. Nach der Schafzüchterin möchte der Bürgermeister seine Sangeskunst vorstellen. Aber aus seinem Solo wird nichts, einer nach dem anderen stimmt ein. Besonders die Ältesten haben das Bedürfnis, die vielstrophigen Lieder, die sie noch kennen, vorzusingen. Beinah geraten sie in Streit darüber, welches das bessere Lied für einen Festtag wie heute ist, und die Wodkagläser zittern bedenklich in ihren Händen. Sie lassen sich jedoch damit trösten, daß sie später auf ihren Heimwegen durch die sternenklare Nacht ungehindert singen können, selbst wenn ihre Lieder zweihundert und mehr Strophen hätten ...

Das begonnene Bild, auf dem ich die ockerfarbene Steppe mit dem Einschnitt des Quellflusses festhalten will, muß ich heute beenden. Morgen werde ich das Chentii-Gebirge verlassen. Vielleicht ist es die Unruhe, die einem Abreisetag vorausgeht, oder ist es die Schwere in den Gliedern, die der Milchschnaps vom gestrigen Naadamfest hinterlassen hat – es fällt mir schwer, mich auf mein Bild zu konzentrieren. Der Wind bläst Sandkörnchen auf die Ölfarbe, Insekten bleiben darauf kleben, die Sonne hat rote Flekken auf die Arme gebrannt, und die Augenlider sind vom vielen Blinzeln geschwollen. Am liebsten würde ich heute die Malpappe in den Sand werfen und nur ein paar Fotos machen. Doch dazu gebe ich mir nicht die Erlaubnis, dann kann ich nicht Besitz ergreifen von den Gräsern, den Bodenwellen und den Gebirgen. Ich möchte das Land mit meinen Händen berühren. Ganz hinten vom Horizont will ich die Berge holen, will sie in eine Ebene setzen, die ich ein bißchen grüner male, als sie in Wirklichkeit ist, aus Furcht, die Trockenheit heraufzubeschwören. Vom Himmel nehme ich ein Stück und lege es hinter die Silhouette der Bäume, in deren

Schatten Frauen hinunter zum Fluß gehen. Die Stille der kargen Landschaft, in der nichts gering und überflüssig ist, und die Würde der Menschen, die in ihr leben, will ich festhalten mit meinen Händen, will hinzutun die Zärtlichkeit und die Achtung, mit der ich diesem Land begegne.

Meine Zeit bei den Steppenbewohnern ist eine Lehrzeit. Ich lerne, wie wenig der Mensch braucht, um zufrieden zu sein. Ich lerne, daß die Ansprüche, die an das Leben gestellt werden, häufig einer strengen Überprüfung bedürfen, und ich lerne, mit der Zeit sehr sorgsam umzugehen.

Immer wenn ich male, rinnen mir die Stunden durch die Finger. Heimlich habe ich am Morgen das Übernachtungshäuschen verlassen, damit mir die Kinderschar aus den Jurten nicht folgt. Ihre Ausdauer, hinter mir herzulaufen, ist ehrend und störend zugleich. Jedes Stück Papier, jede Tube Farbe geht durch ihre kleinen Hände, und was dann noch übrigbleibt, ist nicht mehr zu verwenden. So manche Zeichnung haben sie mir schon zerspielt, in manches Ölbild ihre dunklen Daumen hineingestempelt.

Am Anfang meines Hierseins ermüdeten die Kinder auf halbem Wege, wenn sie mich zu einem geeigneten Malplatz begleiten wollten. Die kleinen Mongolen sind an lange Fußmärsche nicht gewöhnt. Doch die ungestörte Arbeitszeit war von kurzer Dauer. Schon bald warteten sie zu Pferde, auch für mich hatten sie einen gesattelten Braunen mitgebracht. Ich weigerte mich aufzusteigen. Seit ich einmal abgeworfen wurde, habe ich Angst vor Pferden. Also ging ich zu Fuß, hart bedrängt von den jungen Reitern, die ihre ganze Überzeugungskraft aufwandten, um mich zum Reiten zu bewegen. Ich wiederum versuchte, ihnen zu erklären, daß ich ganz bestimmt vom Pferde fallen und mir das Bein, wenn nicht sogar den Hals brechen würde. So ging es hin und her, keiner akzeptierte die Argumente des anderen. Dazu stachen uns die Bremsen, die auf den feuchten Pferdeleibern saßen, sobald wir eine Rast einlegten. An Malen war nicht zu denken, und deshalb bin ich heute schon zeitig aus der Ansiedlung gegangen.

Am Nachmittag überqueren zwei Reiter den Fluß. Als sie mich bemerken, halten sie direkt auf mich zu.

Wir wünschen Ruhe und Frieden! grüßen sie, steigen von den Pferden und legen ihnen die Fußfesseln an. Schweigend sitzen sie neben mir, wischen sich mit einem Lappen den Schweiß von der Stirn. Die Schmetterlinge, die durch ihr Kommen aufgeschreckt sind, senken sich wieder auf die gilbenden Halme.

Nachdem wir uns lächelnd, aber schweigend betrachtet haben, zieht der Ältere ein Beutelchen aus seinem Brustlatz, wickelt bedächtig die Schnupftabakdose aus. Er schnupft ein wenig und reicht sie mir, indem er mich fragend anschaut. Noch immer ist kein Wort gefallen. Ich nehme die Dose mit der rechten Hand, den Daumen leicht abgespreizt, die Finger wie eine Kralle gebogen, denn genauso wird sie mir auch dargeboten. Das Gefäß sieht wie ein Fläschchen aus, dessen Öffnung mit einer Koralle verschlossen ist. An deren Unterseite ist ein Messingplättchen geklebt mit einem Löffelchen daran. Damit entnehme ich die Prise Schnupftabak und tupfe sie auf meinen Daumennagel. Dann verschließe ich die

Dose wieder, bevor ich den schwärzlichen Schnupfstaub einatme. Nur nicht niesen! Das ist unfein.

Es gilt als Ehrenbezeugung, wenn der Korallenverschluß bereits etwas gelockert wurde, bevor die Dose überreicht wird. Ich sah schon kostbare Stücke in den Händen mancher Araten, ebenso Imitationen. Die mir der Reiter zum Schnupfen gereicht hat, ist aus Rauchtopas. Die Höflichkeit erfordert, daß ein so schönes Gefäß gelobt und bewundert wird, bevor man es zurückgibt. Deshalb breche ich das Schweigen und sage: Was ist das für eine wunderbare Dose! Die Fragen und Antworten kommen tropfenweise. Hier hat man Zeit. Die beiden Reiter, es sind Vater und Sohn, sind auf dem Weg zu ihrer Pferdeherde.

Nun schauen sie auf mein halbfertiges Bild, dann auf die Landschaft vor ihnen und sagen: Ja! Ganz genauso, wie sie ist. Schön gemalt! Schön. Ich fühle mich unter Araten oft unsicher, wenn ich meinen Beruf nennen soll. Ihren harten Alltag sehe ich, ihre nützliche Arbeit. Müßten sie nicht lachen, wenn ich Bildermalen als meinen Beruf angebe? Gerade Bilder – die noch nie an Jurtenwänden hingen, die unnötiger Ballast sind, wozu braucht man sie wohl?

Jedesmal habe ich ihre Gesichter beobachtet. Nein, gelacht hat niemand, immer zeigten sie Achtung vor der Arbeit anderer. Auch die beiden Reiter neben mir bleiben ernst, als ich meinen Beruf nenne. Was später mit den Bildern geschieht, möchte der Sohn wissen. Er stellt die Frage nicht an mich, sondern flüstert sie seinem Vater zu. Na, sie werden sicher in ein Museum gehängt, gibt er als Antwort. Noch nie hat sich ein Museum für meine Bilder interessiert, deshalb erzähle ich, daß die Maler bei uns ihre Bilder in einer Ausstellung der Bevölkerung zeigen. Und wenn sie Glück haben, kommen Käufer, private oder mit staatlichem Auftrag, und kaufen die Bilder, die ihnen gefallen. Der Vater schaut lange zu seinem Pferd hinüber, dann fragt er mich, ob ich schon viele Mongoleibilder verkauft hätte. Verneinend schüttle ich den Kopf: Die Leute bei uns interessieren sich für Ihr schönes Land, sie schauen sich die Bilder sehr aufmerksam an, haben dazu eine Menge Fragen. Aber kaufen? Nein, dazu ist ihnen die Mongolei noch zu fremd, ist zu weit weg. Persönliche Beziehungen sind selten.

Das versteht er nicht: Ja, aber wozu malst du denn die Bilder, wenn sie keiner braucht?

Ich bleibe ihm die Antwort schuldig. Wie soll ich das auch erklären, daß es meine Art ist, von einer Sache Besitz zu ergreifen, egal, ob es rentabel ist oder nicht. Jetzt schaue ich schweigend zu den Pferden hinüber, die ruhig wartend nebeneinanderstehen. Wie kann ich nur von diesem Thema ablenken?

Wo sich jetzt seine Pferdeherde befindet, zu der er auf dem Weg ist, frage ich den Vater, und ob er sie auf eine gute Weide gebracht hat. Mit dem Kopf weist er hinüber zu den Bäumen: Langbeinvieh zieht allein seinen Weg, da muß der Mensch hinterherlaufen und es im Auge behalten. Manchmal muß auch ein Mensch über längere Zeit bei der Herde bleiben, wenn Wolfsrudel aufgetaucht sind.

Ja, die Araten sind erfahrene Leute. Ich höre gern zu, wenn sie über ihre Arbeit erzählen. Der Pferdezüchter neben mir hat die Zusammensetzung seiner Herde genau geplant. Zum Beispiel, so erzählt er, ist ein Hengst in der Lage, bis zu zehn Stuten vor Wölfen zu beschützen. Bei Gefahr treibt er sie ganz eng zusammen und läuft unablässig um die Gruppe herum, die Hinterseite nach außen gewandt, um angreifenden Wölfen einen Hufschlag zu versetzen. Ein Schlag auf deren empfindlichste Stelle, die Schnauze, kann den Wolf töten.

Langbeinvieh, das sind Pferde und Kamele, hat die Eigenart, große Strecken abzuweiden und nachts nicht zum Lagerplatz zurückzukehren. Da ist es mit dem Kurzbeinvieh einfacher, denn Ziegen, Schafe und Rinder weiden im Sichtfeld der Jurte und kommen abends immer wieder zurück. In kühlen Nächten drängen sie sich eng um die Jurtenwand, und an ihrem Atmen und Schnaufen merkt der Arate auf seinem Nachtlager, wenn Gefahr droht.

Die nomadisierenden Araten haben vier saisonbedingte Weidegebiete. Je nach deren Beschaffenheit bleiben sie eine ganze Saison über dort an einem Platz oder durchwandern das Terrain. Die Sommerweide ist dort, wo Fliegen- und Mückenplage gering sind, deshalb ist sie meist hochgelegen. Zur Herbstweide ziehen sie in ein Gebiet mit besonders nahrhaften Gräsern, um das Vieh vor dem Winter noch Fett ansetzen zu lassen. Der Winterplatz liegt in geschützten Niederungen, wo Eis und Schnee als Wasserreserve vorhanden sind, oder sie überwintern in der Nähe ihres Somons.

Die Frühlingsweide wird mit besonderer Sorgfalt ausgewählt. Das ist die Zeit, in der die kalten Stürme Schäden anrichten können, aber auch, in der das Jung-

Zufluß zum Onon

vieh geboren wird. Die schwerfällig gewordenen trächtigen Muttertiere brauchen ebenes Gelände und ausreichend Futter. Jedes Jahr wird die Reihenfolge der Plätze überprüft und korrigiert. Epidemien, Insekteneinfall, Mäuseplage, versiegte Tränken können dazu Anlaß geben.

Der Sohn unterbricht mit keinem Wort die Rede des Vaters. Neugierig und etwas verlegen schaut er auf meine Habseligkeiten, die im Grase liegen. Die klebrigen Fläschchen mit den öligen Flüssigkeiten, die fremden Aufschriften der Farbtuben und die Pinsel scheinen ihn zu interessieren. Auch meine Schnürschuhe mit den dicken Profilsohlen, die daneben stehen, mustert er verstohlen, aber nichts berührt er mit den Händen. Als er den Murmeltierzahn entdeckt, den ich an meine Umhängetasche gebunden habe, damit ich «gesund bleibe und ein langes Leben habe», blickt er mich an. Weil sein Gesicht keine Regung zeigt, weiß ich nicht, ob er darüber staunt oder sich lustig macht.

Ein Insekt ist auf meinem Bild gelandet und klebt zappelnd fest. Um es zu befreien, greife ich nach dem Pinsel. Im gleichen Moment erheben sich die beiden Reiter. Der Vater reicht mir die Hand: Wir wollen nicht länger stören. Für uns ist es auch Zeit, zu gehen. Ich wünsche dir Erfolg mit deinen Bildern! Der Sohn löst die Fußfesseln der Pferde, und mit einem Kopfnicken reiten sie langsam dem Wind entgegen.

In der Ruhe des Tages male ich weiter, bis die Dämmerung die Hügelketten grau färbt. Da lege ich das noch feuchte Bild vorsichtig in den Malkasten. Nun ist es doch noch gelungen, was mit so vielen Unterbrechungen begann: Das Abschiedsbild vom Chentii-Gebirge.

Ich werde beobachtet. Der junge Mann, der einen ganzen Kopf kleiner ist als ich, schaut aufgeregt umher und weiß nicht wohin mit seinen Händen. Fortwährend streicht er sein schwarzes Haar zurecht, zupft am Kragen herum und hat dabei seine Augen auf meinen Zeigefinger gerichtet, der auf das Inhaltsverzeichnis des Buches weist. Nachdem ich die Broschüre bezahlt und den kleinen Buchladen auf dem Lande verlassen habe, geht er plötzlich neben mir. Wo ich Mongolisch gelernt habe, fragt er. Das ist der Anfang einer unglaubwürdigen Geschichte.

Es ist einer der schönen Spätsommertage im Changai-Gebirge, an denen die Frauen den runden Blechofen noch ins Freie tragen, um draußen zu kochen. Der untere Filzrand der Jurten ist nach oben geschlagen, schwacher Wind zieht durch das Innere und bringt etwas Kühlung.

Sind Sie das erstemal im Changai? Bei uns ist es schön, nicht wahr? Warum haben Sie die Broschüre über die Hunnen gekauft? Wollen Sie die alten Gräber aufsuchen? Nach ein paar Fragen und Antworten rückt er mit einer Bitte heraus. Ein Buch habe er geschenkt bekommen mit Darstellungen seltsamer europäischer Gestalten. Da es fremdsprachig geschrieben sei, verstehe er nichts, doch wisse er gern um ihre Bedeutung. Ob ich ihm wohl helfen könne?

Wir gehen in seine Jurte. Eine Schale Joghurt und Würfelzucker werden vor mich hingestellt. Auf der Truhe stehen zwei Aquarelle, ein weibliches und ein männliches Porträt. Davor zwei Butterlämpchen und ein Gebetszylinder. Sobald der junge Mann an der Truhe vorbeigeht, dreht er unauffällig den Metallstab, der aus dem Deckel dieses Gebetszylinders herausragt. Dieser merkwürdige Ritualgegenstand ist in den letzten Jahren selten geworden. Das Gebet ist im Buddhismus etwas ganz anderes als im Christentum. Es besteht aus einer magischen Formel, deren Wirkung von der Häufigkeit des Aussprechens abhängt. Weil aber die menschliche Leistungsfähigkeit nicht immer ausreicht, die Formel im gewünschten Maße zu sprechen, werden Hilfsmittel benutzt. So auch dieser drehbare Zylinder, in dessen Innerem sich Papierrollen mit Mantras, den geheimnisvollen Formeln, oder religiösen Schriften befinden. Jede Drehung der Mittelachse bedeutet eine vollständige Rezitation des inliegenden Schriftgutes.

Ob die Porträts gut gemalt sind, werde ich gefragt. Es sind Darstellungen seiner verstorbenen Eltern. Vor zwei Monaten hat er sie verloren, zuerst den Vater, gleich darauf die Mutter. Nun ist er allein und kann sich nicht damit abfinden. Tränen steigen ihm plötzlich in die Augen. Er dreht sich rasch zur Tür und wedelt energisch eine Fliege hinaus. Es gehört sich nicht, den Schmerz zu zeigen, und schon gar nicht vor Fremden. Ich suche behutsam nach tröstenden Worten, finde aber wohl nicht die richtigen. Körperlichen Schmerz heilt man mit Medizin, seelischen Schmerz mit Worten, sagt er und versucht zu lächeln. Seine Hände streichen wieder nervös durch das Haar. Dann spricht er von seinen Eltern. Den Vater erwähnt er kaum, die Mutter ist es, die ihm fehlt. Eine kluge Frau muß sie gewesen sein, die ihrem Sohn Achtung vor jedem Lebewesen anerzogen hat, die trotz des harten Nomadenalltags versuchte, Lebensweisheit zu vermitteln, indem sie Märchen erfand, damit der Sohn lerne, Wichtiges vom Unwichtigen zu trennen. Seine kindlichen Kümmernisse verwandelte sie in Denkaufgaben oder wischte sie durch ihre mütterliche Zärtlichkeit hinweg. Und Dshagdag, der Sohn, wollte sich nie von ihr trennen.

Interessiert lenke ich das Gespräch auf die Märchen der Mutter, ob sie wohl einige aufgeschrieben habe. Eine Kiste mit Büchern ist da, Besonderes ist nicht darunter. Aber das Buch, um dessentwillen ich mitgekommen bin, wird auf das Tischchen gelegt. Es ist ein Querschnitt der europäisch-mittelalterlichen Malerei in französischer Sprache, über fünfzig Jahre alt. Der Sohn Dshagdag hört meinen Worten aufmerksam zu, bis er plötzlich aufspringt, ein Heft unter der Bettdecke hervorzieht und etwas hineinschreibt.

Das ist meine Schatzkammer. Alles, was ich nicht vergessen will, schreibe ich hier hinein. Er zögert etwas, doch dann legt er es auf meine Knie und sagt stockend: Sie dürfen es sich ansehen, Mutter.

Gedichte sind darin, abgeschriebene und selbsterdachte. Dazwischen Merksätze und Begriffserklärungen.

Während ich auf die Zeilen sehe, überlege ich, was ich in seiner Situation wohl tun würde. Bücher können manchmal Halt geben. Ich wage einen Vorschlag: Du solltest gute Bücher sammeln. Daran hat er auch schon gedacht, aber was die alten Bücher betrifft, die können junge Leute nicht mehr lesen, weil sie tibetisch oder altmongolisch geschrieben sind. Doch er, Dshagdag, hat einen wichtigen Schritt schon getan, indem er sich selbst die altmongolische Schrift beibrachte. Nun will er versuchen, die alte Legendensammlung «Das Meer der Gleichnisse» zu lesen, die kann er sich ausleihen. Davon habe ich oft gehört, aber noch nie das Buch zu Gesicht bekommen. Dshagdag verspricht, mir das Buch zu zeigen. Er kennt einen klugen Alten, in dessen Händen sich viele Bücher befinden. Gern würde er ihn wiedersehen samt seinen Schätzen. Ohne lange zu überlegen, machen wir uns auf den Weg zu ihm.

In der Mittagshitze laufen wir auf schattenlosen Wegen bis zur letzten Jurtenzeile. Die Sonne hat die Bretterzäune, die die Höfe umschließen, ausgedörrt, aber der Duft des warmen Holzes ist angenehm. Meine Augen suchen den Himmel nach ersehnten Regenwolken ab. Ein einziges kleines Wolkenkissen steht über den Bergen.

Der übermannshohe Bretterzaun hat eine Geheimtür. Dshagdag klappt ein bestimmtes Brett nach innen, und wir zwängen uns durch die schmale Lücke. Jetzt im Sommer steckt die Jurte, in ihre Einzelteile zerlegt, unter dem flachen Satteldach eines Holzhäuschens, das aus zwei Kammern besteht. Die Haustür ist offen, wir treten über ihre Schwelle. In der Wirtschaftskammer stehen

Wasserkanister und Milchkrüge auf dem Boden, auch ein elektrischer Kocher. Pralle Säckchen in allen Größen hängen oder lehnen an den Wänden. Außer zwei roten Kistchen und einem Hocker gibt es keine Möbel. Das Schmuckstück allerdings ist ein hoher neuer Kühlschrank, dessen Tür nicht ganz schließt. Er ist bis obenhin mit Ziegenfleisch gefüllt.

Der alte Mann kommt aus der Wohnkammer. Er stutzt ein wenig, doch dann überzieht ein freudiges Lächeln sein Gesicht. Mit beiden Händen umfaßt er meine Schultern und sagt: Ich wußte, daß heute ein besonderer Gast zu mir kommt! Tritt ein, meine Tochter! Mein Haus ist auch dein Haus!

Überrascht schaue ich auf den niedrigen Tisch. Er ist festlich gedeckt mit köstlichem Aaruul, Fettgebäck, gelber Butter, Bonbons und saurer dicker Milch. Weihrauchduft bildet Nebelringe in der Mitte des Raumes. So einen feierlichen Empfang habe ich nicht erwartet.

Zum Verwundern bleibt keine Zeit. Die Hocker werden zurechtgerückt, Dshagdag erzählt flüsternd dem Hausherrn von dem Gast, den er mitgebracht hat. Ich schaue mich verstohlen um. Zuerst fällt mir das Bett auf: Es sind drei zusammengeschobene Truhen, bedeckt mit Schaffellen und bunten Decken. Vom Deckenbalken hängt ein dunkelgelbes Tuch herab, das einen Hängeschrein mit einer Buddhafigur und eine Knochentrommel mit bestickten Bändern verdecken soll. Noch andere Dinge sind darunter verborgen, aber sie lassen sich nur erahnen. Vorn rechts ein schlankes Mahagonischränkchen mit Glastür und Schnitzwerk. Es könnte eine chinesische Arbeit sein. Wie ist es wohl hierhergekommen?

Durch die Glasscheibe schimmern die Schätze: in Tücher eingewickelte Bücher.

Frischgekochter Tee duftet aus der Kanne. Eins der roten Kistchen wird hereingeholt und geöffnet, es enthält die silbernen Teeschalen des Hausherrn. Aus einem Alltag ist ein Feiertag geworden. Immer wieder drückt der alte Mann meinen Arm voller Herzlichkeit. Welche Bücher willst du gern sehen? «Ulgeriin dalai», «Das Meer der Gleichnisse», kommt es leise von meinen Lippen. Feierlich legt er das Stoffbündel auf meine beiden Hände, abwartend, was ich nun beginnen werde. Um meine Aufregung zu zügeln, halte ich es eine Weile unbeweglich vor mich hin und betrachte das rote Seidentuch mit den eingewebten Glückszeichen. Die Schnur, mit der das Bündel mehrfach umwickelt ist, endet in einer eingeknoteten Koralle. Langsam lasse ich das Buch auf meine Knie gleiten und löse die seidene Umhüllung. Das Tuch ist innen goldgelb gefüttert. Wie ein Lichtstrahl leuchtet es auf, als ich die Stoffenden auseinanderschlage. In den hölzernen Buchdeckel ist der Titel eingeschnitzt. Da liegen sie vor mir, die Blätter, und erzählen in vierundsechzig Legenden aus dem Vorleben des Buddhas Shakyamuni und einiger Heiliger.

Etliche dieser Legenden sind mir aus verschiedenen Quellen bekannt, trotzdem habe ich mir immer gewünscht, das ehrwürdige Buch einmal selbst in den Händen zu halten, den Geruch kalten Weihrauchs zu spüren und es grüßend an meine Stirn zu drücken. Heute ist mein Wunsch Wirklichkeit geworden. Der freundliche Alte beobachtet mich genau. Meine Erregung ist ihm nicht entgangen.

Als ich die Titel anderer Bücher mit den alten Schriftzeichen vorgelesen habe, ist er zufrieden. Ich habe die Prüfung bestanden. Schwer drückt die Hitze auf das Dach. Schweißtröpfchen stehen auf unseren Schläfen. Vor das Geviert des Fensters schiebt sich langsam eine graue Wolke. Er kramt noch ein wenig in dem Bücherschrank, sagt dann, daß er mir etwas zeigen werde, wovon ich vielleicht nicht einmal etwas gehört habe. Wir knien uns alle drei auf die Filzmatte. Ausgebreitet wird ein verblichenes, handschriftliches Wahrsagebuch mit seltsamen Zeichen und Symbolen auf brüchigem Papier. Dazu gehört ein kleines Erklärungsheft mit Tabellen, Sternennamen, Strahlungsformeln von Steinen und Metallen, mystischen Verheißungen und Ritualvorschriften: das Handbuch eines Zauberers?

Ich verstehe überhaupt nichts. Selbst wenn ich es Wort für Wort lesen könnte, hätte es keinen Nutzen. Es sind Lebenserfahrungen, Beobachtungen und Weisheiten vieler Generationen eines Volkes, mit Phantasie und Wortgerank eindrucksvoll verflochten. Mit solch einem Buch muß man umgehen können.

Das Gesicht des alten Mannes ist ruhig, nur seine Augen lächeln. Wenn du einmal wiederkommst, werde ich dich im Lesen dieses Buches unterweisen. Ich werde dir ein großes Wissen übergeben. Du wirst es tragen können. Und plötzlich sagt er, tief die Schwüle der Luft einsaugend, daß er mir zur Erinnerung ein Gewitter schenken will. Habe ich recht gehört, ein Gewitter?

Die Fingerspitzen leicht aneinandergelegt, den Kopf geneigt, beginnt er mit monotoner Stimme einen Singsang. Die Sonne hat sich hinter der Wolke verloren. Die ersten Tropfen schlagen auf das Dach. Der Gesang wird lauter. Durch die Fensterscheibe dringt fahles Licht. Regen ist es nicht, der da niederstürzt. Hagelkörner, groß und weiß, überschütten mit klirrendem Aufschlag den Hof. Die Umgebung verschwindet wie in einem dichten Nebel, und der Donnerschlag trifft mich unvorbereitet. Zittert die Erde, oder bin ich es?

Der Gesang des alten Mannes wird leiser. Er verstummt auch nicht, als der Hagel die kleine Türscheibe einschlägt. Sturm kommt auf. Irgendwo draußen splitterndes Krachen. Noch ein paar Donnerschläge, dahingemurmelt, dann beruhigt sich der Himmel, und durch den Hagel werden allmählich die Silhouetten unserer realen Umwelt wieder sichtbar. Ob der Alte sein dunkles Lied beendet hat, ist nicht zu ergründen. Jetzt sitzt er schweigend und lächelt mit geschlossenen Augen.

Schlagartig, wie die Wetter kommen, vergehen sie auch. Schon tasten sich Sonnenstrahlen über die Eisperlen und verwandeln sie allmählich in große Pfützen. Fragend schaue ich zu meinem jungen Begleiter. Er nickt mir zu, legt seine Hand beinahe zärtlich auf den Arm des alten Mannes. Ich beginne meine Abschiedsworte zu sagen. Eine Handvoll Würfelzucker wird mir noch in die Tasche gesteckt mit der Bemerkung, daß ich sie bestimmt nötig habe. Seinen Arm unter meinen schiebend, geleitet der Alte uns über den nassen Hof. Dort, wo wir durch den Zaun hereingeklettert sind, verneigen wir uns letztes Mal, dann schlägt das Brett an den Zaunpfosten an.

Seit diesem Tag denke ich bei Gewitter an den alten Mann, der es meisterhaft versteht, Naturbeobachtungen mit Mystik zu verbinden, damit die, die ihm begegnen, seinen Regenzauber lange in Erinnerung behalten. Ich werde ihn nicht vergessen, denn sein Geschenk war das Merkwürdigste, das ich in meinem bisherigen Leben bekommen habe.

Auch Dshagdag werde ich nicht vergessen. Am nächsten Tag schon sitzen wir wieder über Bücher gebeugt und entziffern Namen, die in meisterhafte Illustrationen hineingeschrieben sind. Ein paar Sprichwörter und Gleichnisse hat er für mich aufgeschrieben, eine Liste mit Buchtiteln bereitgelegt, die er zu suchen beabsichtigt. Ganz selbstverständlich habe ich mich auf den Platz niedergelassen, der seiner Mutter gehört. Wenn er mir fürsorglich Tee reicht oder von meinem Arm eine Fliege scheucht, möchte ich ihm am liebsten mütterlich über das Haar streichen. Mir ist, als hätten wir schon viele Male so dicht nebeneinandergesessen und die Wärme unserer Körper gespürt. Wir wollen uns häufig Briefe schreiben, sage ich zu ihm, ich möchte gern wissen, wie es dir geht. Das ist etwas zum Festhalten, verspricht Dshagdag und hat auch gleich ein Sprichwort parat: Einen Tag lernt man sich kennen, und tausend Tage ist man befreundet. Nur tausend Tage? Ich wünsche mir, daß es viel mehr werden.

Am Rande eines erstarrten Lavastromes hat sich der Arate Tumurbaatar mit seiner Familie und der Großmutter niedergelassen. Hier ist eine gute Sommerweide, nicht zu heiß, auch ein Flüßchen treibt sein klares Wasser vorbei. Weil der Arate der Schafherde wegen oft die Weideplätze wechseln muß, hat er seine Kinder im Schulinternat untergebracht. Ist der Schulweg nicht allzuweit, reiten die Kinder zum Unterricht. Vor der Schule stehen dann – fest angebunden – die vierbeinigen Verkehrsmittel und warten geduldig bis zum Schluß. Der älteste Sohn ist zur Armee eingezogen worden, die älteste Tochter Gerel studiert im Bezirkszentrum an der Lehrerhochschule. Nach einigem Hin und Her gelang es mir auch, ihrer Einladung, sie zu besuchen, zu folgen. Ihr verdanke ich meinen Aufenthalt bei der Großmutter.

Die Sommerferien sind gerade vorbei. Nun ist es wieder ruhig in Großmutters Jurte, denn als die Kinder nach Hause kamen, schliefen sie bei ihr, und sie lärmten und lachten und mußten helfen, die Lämmer und Kälber zu tränken.

Jetzt sitzt Großmutter allein neben der Tür in der

Sonne. Nur die siebenjährige Suwdan leistet ihr manchmal Gesellschaft. Das ist das jüngste der sechs Kinder, es wohnt noch bei den Eltern, denn in der Mongolei werden die Kinder erst mit acht Jahren schulpflichtig. Mit ihren geschickten Händen knotet Suwdan das Päckchen auf, das ich ihr zugesteckt habe. Der kleine wuschelige Berliner Bär wird jubelnd hervorgezogen und zum Bewundern herumgezeigt.

Seit ich bei der Großmutter wohne, legt die alte Aratin in ihre Teeschale gern die Muskatnuß, die ich ihr mitgebracht habe.

Das sei ein gutes Mittel, um die im Alter nachlassenden Kräfte wieder aufzufrischen, beteuert sie. Sie freut sich, jemanden zum Erzählen bei sich zu haben, und sie erzählt gern. Meistens von den Kindern und den Viehherden, das war ihr Leben. Klein ist sie, gebeugt, um ihre Augen kringeln sich tiefe Lachfältchen.

Sie werden schon sehen, was Sie davon haben, bei der Großmutter zu schlafen! Lassen Sie sich nicht zu große Bären aufbinden! warnt Tumurbaatar, der Schwiegersohn, gutmütig. Aber das ist es ja gerade, was ich will, und die Bären können nicht groß genug sein. Spiegelt sich nicht in vielen Geschichten ein Stückchen Seele, ein Stück Volksweisheit? Großmutter achtet darauf, daß alte Traditionen respektiert werden, sie ist der Protokollchef der Familie und ein wenig abergläubisch. Da gibt es oft Meinungsverschiedenheiten mit den jungen Leuten, die am liebsten alles mit der Bemerkung «Unsinn» abtun möchten, ohne etwas Neues dem Brauchtum hinzuzufügen. Das bekümmert die Greisin, und sie klagt: Die Jungen lernen so viel und wissen doch nichts!

Gespräch unter Großvätern

Mit mir hat es die Großmutter leicht. Ich bin ruhig, widerspreche nicht, lasse mich gern von ihr belehren. Für mich ist vieles interessant.

Gleich am Anfang hat mich die Großmutter in Verlegenheit gebracht, als ich ihr bei meiner Ankunft die Hand zum Gruß reichen wollte. Mit feinem Lächeln wies sie mich zurecht, indem sie ihre beiden Hände in Brusthöhe hob und die Fingerspitzen aneinanderlegte, so daß die Handflächen eine schmale Höhlung bildeten. Dabei verneigte sie sich leicht.

Natürlich ist das ein distanzierender Gruß gegenüber einem kräftigen Händeschütteln. Er verlangt die Ruhe und Gemessenheit, die auch in den weiten Steppen und Hügelketten liegt. Vielleicht hat er seinen Ursprung in der Religion. Der Gläubige verbeugt sich mit dieser Handhaltung auch noch heute vor verehrungswürdigen Gegenständen als Zeichen, daß Buddha sein Vorbild ist. Die aneinanderruhenden Fingerspitzen formen eine Lotosknospe, das Symbol der Reinheit, der Hohlraum stellt die «Leere» dar, das Ende des vielen Wiedergeborenwerdens, Sehnsucht und Ziel des Buddhisten.

In der Stadt und in dichtbesiedelten Teilen des Landes begrüßt man sich heute mit einem Händedruck wie bei uns zu Hause. Je abgelegener jedoch Araten nomadisieren, um so häufiger läßt sich dieser alte Gruß noch beobachten. Wenn sich auch die Geste verändert, die gute Tradition ist erhalten geblieben: Während des Begrüßungszeremoniells werden nur angenehme Dinge gesagt. Man sagt zum Beispiel, daß alle gesund sind, daß man im Wohlstand lebt, die Kinder gut lernen, die Arbeit erfolgreich ist und die Herden sich beständig vermehren. Auch wenn manches nicht ganz stimmt, wird die Regel nicht verletzt. Später, wenn man ein wenig beisammengesessen hat, dürfen auch die unangenehmen Dinge zur Sprache kommen. Eine Begrüßung, bei der gleich geklagt wird, gilt als sehr unhöflich.

Großmutter hat viel Zeit für mich. Ihre Knie werden oft schwach, sie kann nicht mehr so herumlaufen wie früher. Da helfen auch die Muskatnüsse nicht. Wenn ich ihr einen Weg abnehmen kann, so tue ich es gern. Dafür erzählt sie mir vom Hausgeist, der unter der Türschwelle wohnt, weshalb ich nie auf die Schwelle treten darf, wenn ich in die Jurte komme. Oder sie spricht vom Feuergeist, der im Ofen seine Wohnung hat und dem der erste Bissen von jedem Festschmaus geopfert werden muß. Tut man das nicht, geht das Feuer aus, die Familien bleiben kinderlos, und die Liebe erkaltet.

Trotz des warmen Wetters ist heute nacht Schnee gefallen, die Köpfe der Berge sind weiß. Gegen Mittag steigen die Temperaturen rasch an, Insekten summen am Ufer des Wasserlaufes, und die Luft duftet nach Heu. Dann verschwinden auch die Schneeschleier von den Berggipfeln, aber der Herbst, der mit ihnen gekommen ist, bleibt.

Suwdan spielt mit ihrem Bären vor der Jurte. Sie müht sich eifrig, ihm das Reiten beizubringen. Der alte Hütehund, der als Pferd benutzt wird, blinzelt nur schläfrig in die Sonne. Er duldet das Spielzeug auf seinem Rücken, und Suwdan, die die Übungsstunde gerade beendet, küßt zufrieden das stoffbenähte Bärenschnäuzchen. Da erinnere ich mich, irgendwo gelesen zu haben, der Kuß sei früher bei den Mongolen nicht üblich gewesen. Bisher war ich der Meinung, nur die Eskimos hätten als Ausdruck von Zärtlichkeit ihre Nasen aneinandergerieben. Doch auch die Mongolen haben mit den Nasen «geküßt».

Tumurbaatars Frau hat einen Topf Nudelsuppe mit getrocknetem Schaffleisch zu uns in die Jurte geschickt. Zuerst sorgt sie sich um das leibliche Wohl der Großmutter und des Gastes. Ißt du Borz? Großmutter meint das getrocknete Fleisch. Es gibt eine bewährte Art, Fleisch haltbar zu machen, indem es in Streifen geschnitten und zum Trocknen aufgehängt wird. Durch die niedrige Luftfeuchtigkeit dauert der Dörrprozeß nur zwei bis drei Tage, dann hängen die Fleischstreifen von den Streben des Jurtendaches wie schmale Lederbänder herab. Dieses Dörrfleisch, das Borz heißt, läßt sich längere Zeit aufbewahren.

In Stückchen geschnitten, kommt es in den Kochtopf. Anfangs konnte ich kaum unterscheiden, ob die Suppe mit frischem oder mit getrocknetem Fleisch zubereitet war, so saftig und kräftig ist der Geschmack des Borz. Die Mongolen schlachten die Tiere anders, als es bei uns üblich ist, sie bluten sie nicht aus. Dadurch wird das Fleisch nicht strohig.

Eine Frage trage ich schon lange mit mir herum. In älteren deutschen Büchern habe ich gelesen, daß Mongolen das Fleisch unter dem Sattel weich reiten, bevor sie es verzehren. Bei meinen Aufenthalten habe ich jedoch nichts dergleichen beobachten können. Jetzt bitte ich Großmutter, die so vieles weiß, mir das zu erklären. Zuerst sieht sie mich prüfend von der Seite an, dann lacht sie laut auf und fragt, in welchen Märchenbüchern ich das wohl gelesen habe. Nun schaue ich sie verwundert an: Wieso Märchenbücher?

Weil Pferdeschweiß so scharf ist, daß er das Fleisch ungenießbar machen würde. Wer einen Sattel gut auf den Pferderücken zu legen versteht, ohne daß er die empfindliche Tierhaut drückt, der weiß auch, daß ein Pferd unter der weichen Satteldecke zuerst schwitzt. Wenn wir also rohes Fleisch weich reiten würden, müßten wir es unter den Sattel legen, wo es sich in kurzer Zeit zusammenballen und dem Pferd Schmerzen bereiten würde. Dann hätten wir die Pferde mit wundgeriebenen Rücken, die keinen Reiter mehr aufsitzen ließen. Was sind wir aber ohne Pferde?

Die Großmutter muß meine Frage sogleich ihrem Schwiegersohn weitererzählen. Neuigkeiten sind selten, und Dinge, über die man gar staunen oder lachen kann, bleiben tagelang im Gespräch. Auch als ein Jäger seinem Pferd die Fußfessel anlegt, um sich in der Jurte bei einer Schale Milchtee auszuruhen, berichtet sie ihm sofort den Grund der Heiterkeit. Mit ihm wird die Frage nach allen Seiten erörtert, wieso man früher solche Dinge dachte. Ich bin erleichtert, als das Gespräch auf die Viehzucht überwechselt. Welche Pflanzen und wieviel davon die Schafe jetzt fressen sollen, wird besprochen. Großmutter hat die besten Hinweise. Der Jäger und der Schwiegersohn schätzen ihre Erfahrungen auf diesem Gebiet und nehmen ihren Rat gern an. Das ist ihnen anzumerken, und ich werde ein bißchen stolz auf meine Alte. Aber sie ist klug genug zu schweigen, sobald der Jäger von seinem Weidwerk erzählt, weil er nichts von ihren Ortsgeistern und Tiergöttern wissen will. Wie alle Araten liebt auch Tumurbaatar die Jagd und hat ein registriertes Gewehr. Gern hört er dem Jäger zu, erfährt manch Interessantes und teilt seinerseits dem erfahrenen Mann mit, was er beobachten konnte. Den Hügel hinauf begleitet er ihn noch, dann trennen sie sich. Das ist auch ein guter Platz, um nach den Schafen auszuschauen. Tumurbaatar ist verantwortlich für eine dreihunderköpfige Herde. Sie ist genossenschaftliches Eigentum der landwirtschaftlichen Vereinigung, der er angehört. Ein Statut legt fest, wieviel Stück Vieh eine Familie darüber hinaus für sich halten darf. Hier im Changai sind jedem Familienmitglied zehn Tiere erlaubt, insgesamt dürfen es aber nicht mehr als fünfzig sein, in der trockenen Gobi sind es pro Familienmitglied fünfzehn Tiere, jedoch darf die Familienherde nicht über fünfundsiebzig Tiere hinauswachsen. Jeder Arate hat ein bestimmtes Tiersoll zu erbringen. Die Zahl wird festgesetzt nach den Bedingungen der Weidemöglichkeiten und der Leistungsfähigkeit einer Familie. Gegenwärtig arbeitet Tumurbaatar nur mit seiner Frau zusammen, die Großmutter ist hinfällig geworden, und die Kinder können durch den Schulbesuch nicht viel helfen. Sobald der Sohn von der Armee zurückkommt, will er zweihundert Tiere mehr züchten. Dann zählt seine fünfhundertköpfige Schafherde zu den Großherden.

Halbjährlich wird abgerechnet. Gibt es Tierverluste, muß der Arate den finanziellen Schaden tragen. Im Herbst werden die schlachtreifen Tiere abgeliefert. Das bedeutet, daß sie lebend mit einem vorgeschriebenen Gewicht direkt dem Fleischkombinat übergeben werden müssen. Es gibt im Lande zwei dieser großen Schlachthöfe, einen in Ulan-Bator, den anderen in Darchan, im Norden. Dann begeben sich geübte Tiertreiber auf die «Treibe». Sie übernehmen die ausgewählten Schlachttiere von den Araten, vereinigen sie zu Herden bis zu zweitausend Stück und ziehen langsam, manchmal mehrere Wochen, durch das Land bis zur Ablieferungsstelle. Auf dieser Wanderung müssen sie nach guten Weideplätzen suchen, denn die Tiere müssen das geforderte Gewicht halten oder erst noch erreichen. Diese Treiber sind die mongolischen Cowboys. Wenige harte Männer für viele Tiere; sie sind geländekundig und erfahren im Umgang mit Herden. Sie sind beritten, haben ein bescheidenes Zelt, immer ein Gewehr, und ein paar «Proviantschafe» zusätzlich in der Herde, die unterwegs geschlachtet werden. Nur auf der Filmleinwand ist das ein Traumberuf.

Großmutter ruft mich. Du hast kräftige Beine, sagt sie, geh und sammle Kuhaugen für das Abendessen. Sie drückt mir eine Schüssel in die Hand, weist hinüber zum Fluß und verschwindet gleich darauf in der Jurte. Ich stehe wie angewurzelt. Kuhaugen? Diese glibberigen Dinger wollen wir essen? Na gut, aufsammeln will ich sie, aber essen? Niemals! Doch dann kommen mir Zweifel. Die Familie hat nur sechs private Kühe. Es war nicht die Rede davon, daß sie geschlachtet würden. Ich wende mich an Tumurbaatar, der gerade die Pferdeleine repariert. Wo sind die toten Kühe? Ich soll die Kuhaugen sammeln. Er versteht nicht. Welche toten Kühe? Als er meine kleine Schüssel sieht, schlägt er sich vor Vergnügen auf die Schenkel und lacht laut heraus. Ich ahne, daß mich Großmutter geschickt hereingelegt hat. Das können Sie nicht wissen, redet er mir zu, die schwarze Johannisbeere, die hier wächst, trägt diesen Namen. Die sollen Sie sammeln. Aber auch wirkliche Kuhaugen sind ein altes Mittel in der Volksheilkunde. Wenn eine Kuh geschlachtet wurde, müssen sie zwölf Tage eiskalt aufbewahrt werden. Diese Zeitspanne ist erforderlich, damit in der Augenflüssigkeit ein biologischer Umwandlungsprozeß stattfinden kann. Nicht die ganzen Augen, nur ihre Flüssigkeit gilt als potenzsteigerndes Kräftigungsmittel. Aber seien Sie unbesorgt, wir essen auch nur Johannisbeeren.

Als das Licht des Spätnachmittages Schatten wirft, kommt aus der Ebene ein Jeep herauf. Schon lange war das Motorgebrumm zu hören, jetzt sehen wir das weiße Fahrzeug mit den großen Buchstaben TIERARZT. Das Gelände ist uneben, einen Weg zwischen dem Basaltgestein muß sich der Fahrer selbst suchen. Wir erwarten ihn stehend vor den Jurten, auch Suwdan mit ihrem Bärchen und der Hund sind dabei. Welche Neuigkeiten wird er bringen?

Es gibt eine Überraschung. Aus dem Auto klettert die älteste Tochter, Gerel. Sie hat ihr Lehrerstudium abgeschlossen, die Prüfungen hinter sich gebracht und gleich darauf in einem Ferieneinsatz sich das Bein gebrochen und bis jetzt im Krankenhaus gelegen. Nun will sie nichts anderes als verspätete Ferien machen, bevor sie ihre Lehrerstelle antreten muß. Der Tierarzt, der zu einer Kamelherde in der Nähe gerufen wurde, hat das zierliche Mädchen die hundert Kilometer vom Bezirkszentrum mit heraufgenommen. Er lädt ihren großen Holzkoffer aus, in dem die Habseligkeiten einer Studentin verstaut sind: Kleidung, Bücher und Kochtöpfe.

Es ist eine herzliche Begrüßung. Auch ich freue mich, Gerel wiederzusehen. Großmutter greift nach dem Deel, der ausgepackt wird. Sie wendet ihn hin und her und lobt die saubere Näharbeit der Enkelin. Doch diese lacht. Was für Großmutter selbstverständlich war, ist für die Studentin die Ausnahme. Einen Deel selbst nähen, davon versteht sie nichts. Dafür fehlte während des Studiums die Zeit. Und in den nächsten Wochen, in denen sie sich als Junglehrerin bewähren soll, wird sie es auch nicht lernen können. Wozu auch, wo sie im Bezirkszentrum einen Deel preiswert kaufen kann? Und aus den Büchern, die sie mitgebracht hat, will sie noch einiges lernen, bevor sie im Nachbarkreis ihre Arbeit aufnimmt.

Großmutter schüttelt ihren grauhaarigen Kopf. Ich weiß nicht, ob vor Bewunderung oder aus Mißbilligung. Gerel sieht meinen fragenden Blick. Großmutter ist neidisch, sagt sie zu mir augenzwinkernd, in allen Angelegenheiten wird ihr Rat angehört und bedacht, sie hat die meisten Lebenserfahrungen. Aber uns Kinder muß sie fragen, was in der Zeitung steht, weil sie nicht lesen lernen konnte. Da muß sie manchmal erkennen, daß ihr Rat nicht immer richtig ist. Das macht sie verlegen. Viel lieber würde sie selber lesen und uns dann belehren. Wir Jungen lachen oft über ihre alten Geschichten, das ist auch nicht richtig. Vater ist da anders. Er hört Großmutter zu und achtet ihre Worte, handelt aber nach seinen Gesichtspunkten. Und er ist erfolgreich!

Während die Mutter die angehende Lehrerin mit Fragen überschüttet, wechselt der Vater mit dem Tierarzt ein paar Worte. Doch der hat es eilig, die Einladung zum Teetrinken kann er nicht annehmen.

Großmutter

Am selben Abend findet ein kleines Fest statt. Durch den Tierarzt hatten befreundete Araten Kunde vom Heimkommen der Tochter erhalten, und sie wollten es sich nicht nehmen lassen, sie zu beglückwünschen. Ein Schaf ist schnell geschlachtet, Aaruul und Fettgebackenes wird aus den Säckchen genommen und zusammen mit meinen gepflückten Johannisbeeren auf eine hergerichtete kleine Festtafel gestellt. Die Gäste binden ihre Pferde fest und streichen die glänzende Seide ihrer Gewänder glatt. Auch Gerel hat ihren blauen Deel mit der gelben Schärpe angezogen. Heute wird ihr der Ehrenplatz in der Jurte zugewiesen.

Auf die Truhe hat die Mutter eine Fotografie der Tochter gestellt, ein Butterlämpchen davor angezündet und ein schwelendes Weihrauchgefäß daneben geschoben. Zusammen mit dem Vater läßt sie sich neben der Tochter nieder, die Gäste haben an der Westseite Platz genommen. Vor dem Mädchen steht eine Schale mit Kumys, in die eine kleine Silberschale mit Milchbranntwein gesetzt wird. Der Vater erhebt sich. In seiner Hand liegt das Abzeichen, das jeder Student mit dem Abschlußzeugnis erhält. An Gerel gewandt, spricht er ein paar lobende Worte über ihren Fleiß, ihre guten Leistungen und über seine Erwartung, daß sie auch in Zukunft ihre Arbeit ernst nehmen und den Kindern zu hohem Wissen verhelfen werde. Das Abzeichen wird mit frischer Milch übergossen und danach behutsam in die Schale mit Milchbranntwein gelegt. Gerel ist die erste, die die Doppelschale in die Hand nehmen und ein Schlückchen Alkohol trinken muß. Danach trinkt der Vater, dann die Gäste, die Großmutter, und die Mutter beschließt den

Umtrunk. Sie nimmt die Silberschale heraus, und die untere Schale mit dem Kumys geht noch einmal reihum. Jetzt ist der Zeitpunkt gekommen, wo wir Gäste unsere Glückwünsche und bescheidenen Geschenke darbringen dürfen. Es wird gelacht, gegessen und gesungen. Großmutter ist glücklich, so viele Gäste beisammen zu sehen. Leise gibt sie ihre Anweisungen, wer zuerst geehrt oder bewirtet werden soll. Der Ablauf des Familienfestes liegt in ihrer Hand, darin will sie sich keine Unzulänglichkeiten nachsagen lassen. Das respektiert jeder.

Als der Mond die Berge mit blauem Licht überzieht, reiten die Gäste durch die kalte Nacht zu ihren Jurten. Da vollzieht die Großmutter ihre letzte Handlung: Sie spritzt ein wenig Milch hinter den Reitern her, damit ihnen auf ihrem Heimweg kein Unglück zustoße.

Der mongolische Pharmazeut drängt zur Eile. Das Adonis mongolica, das weißblühende Adonisröschen, steht nicht mehr lange in voller Blüte. Das Institut für Arzneimittelkontrolle benötigt für Forschungszwecke diese Heilpflanze. Der Pharmazeut soll zwei große Säcke davon in den Bergen sammeln, trocknen und mit zurück in das Labor bringen. Ich darf mich ihm und seinem Gehilfen als Sammlerin anschließen. Wir sind alte Bekannte, der Pharmazeut und ich. Schon vor Jahren haben wir uns hier kennengelernt. Mit seiner Frau und den beiden Kindern bewohnt er eine schöne Neubauwohnung in Ulan-Bator. Bei uns in Leipzig hat er seinen Doktor gemacht. Das ist zwar etliche Jahre her, aber er spricht noch immer ganz gut deutsch. Wenn ich einen Rat brauche, wende ich mich an ihn. Was er mir bisher riet, war immer gut. Aber wir sehen uns sehr selten. Ich finde, daß er besonders viele Aufgaben und Verpflichtungen hat, dienstliche und private, da will ich mich nicht aufdrängen, wenn kein zwingender Grund vorliegt. Als er mich fragte, ob ich mit ihm Heilkräuter sammeln möchte, stimmte ich sehr froh zu. Die Zelte, Töpfe und die Wetterbekleidung sind schnell in die noch leeren Säcke gepackt. Vom Flughafen Ulan-Bator fliegen wir mit einer Linienmaschine hinauf nach Norden, in den Chuwsgul-Bezirk.

Die Reise ist gut vorbereitet. Ein Jeep erwartet uns am Flughafen, und ein baumlanger Kerl stellt sich als Fahrer vor. Er lädt unser Gepäck in das Auto und verabschiedet dann die zierliche Frau mit den beiden Kindern, die abseits stehen und uns zusehen. Während sie davongehen, startet er den Motor, macht nebenbei eine Bewegung mit seinem Kopf nach hinten und murmelt erklärend: Meine Frau. Dann fahren wir los. Es regnet viel in den ersten Tagen. Die Wasserläufe, die von den Bergen herunterrinnen, schwellen an, waschen Bodenrinnen aus oder überfluten Senken, daß der lehmige Untergrund weich wird. Der Kraftfahrer, dessen Ortskenntnis wir uns anvertrauen, hat seine liebe Not, einen zuverlässigen Weg zu finden.

Unsere erste Aufgabe ist, pflanzenkundige Araten zu finden. Sie sollen uns helfen, Plätze zu erkunden, wo das Adonisröschen wächst. Sie kennen ihre Umgebung besser als wir, zumal auch unser Pharmazeut ein Stadtmensch ist und das Chuwsguler Gebiet nur wenig bereist hat. Der einzige von uns, der den ganzen Bezirk wie seine eigene Hosentasche kennt, ist unser Kraftfahrer. Leider weiß er nicht, wie ein Adonis mongolica aussieht. Aber wir haben Glück!

Gleich am nächsten Abend sehen wir am Ende eines Hochplateaus ein paar Jurten stehen. Hier wohnt einer, von dem der Kraftfahrer sagt, er habe ein Wissen wie ein Ozean. Nachdem der Pharmazeut den Ehrenplatz in der Jurte eingenommen hat, erhalten wir beiden Sammler die Hocker neben ihm zugewiesen. Wir trinken schweigend Tee, dann fragt der Pharmazeut nach diesem und jenem und kommt auf Umwegen zum Kern der Sache. Der Gastgeber antwortet nicht sogleich. Geduld und Ruhe sind auch hier Zeichen der Höflichkeit. Der wortkarge Mann zieht aus dem Stiefelschaft die langstielige Pfeife mit dem kleinen Pfeifenkopf und raucht ein paar Züge, uns dabei aufmerksam ansehend. Als die Sonne hinter die Berge sinkt, wissen wir, daß die Adonisröschen in diesem Jahr sehr zeitig geblüht haben und es deshalb nur noch zwei Stellen gibt, wo sie in voller Blüte stehen. Das sind kühle, schattige Berghänge, weit von hier. Morgen will er uns hinführen. Den Pharmazeuten interessiert auch, welche Heilkräuter sein Gastgeber selbst sammelt und wie er sie anwendet. Da wird das Gespräch noch einsilbiger, seine Kenntnisse will er nicht so schnell weitergeben. Ausflüchte sucht er, daß er doch nur ein einfacher Viehzüchter ist, nicht klug genug, um einem studierten Mann Ratschläge zu geben.

In der Nähe seiner Jurte stellen wir unsere Zelte auf. Das kleine Bergzelt ist mein Eigentum, ich habe es aus Berlin nachschicken lassen. Die beiden Männer beziehen das größere, leicht ramponierte Zelt ohne Boden, und der Fahrer schläft zusammengerollt im Jeep. Das hat er selbst so bestimmt, und ich kann mir denken, daß es kein Vergnügen ist, sich zwischen enge Sitze zu zwängen. Ein paar Regentropfen klopfen auf die Steine, die Nacht wird kalt. Wenn Wind aufkommt und die Wolken auseinanderfahren, zeigt sich der Mond als eingedrückte Scheibe mit fahlem Hof.

Am Morgen bedeckt Reif die Zeltwände. Mit steifen

Gliedern stehen wir ungelenk neben dem Feuer und warten darauf, daß das Teewasser kocht. Ein nächtlicher Regenschauer hat meine Schuhe mit Wasser gefüllt, ich hatte vergessen, sie ins Zelt zu nehmen. Nasse Schuhe anzuziehen ist kein Vergnügen. Glücklicherweise kommt der schweigsame Viehzüchter zeitig, und wir fahren los.

Als wir die ersten Büschel der gesuchten Heilpflanze entdecken, halten wir an. Die Arbeit beginnt. Die Pflanzen werden von weit herangetragen, vom Bergkamm heruntergeholt. Es ist ein schönes Bild, wie wir mit beiden Armen dicke Sträuße Blumen umfangen halten und ruhigen Schrittes über die Wiesen gehen. Die gepflückten Pflanzen breiten wir auf große Tücher zum Trocknen aus. Der felsige Untergrund bricht hier und da durch die grüne Matte und bildet aufrechtstehende Kanten, die viel höher als die Menschen sind, die zwischen ihnen herumsuchen. Der Wind reibt sich an den Vorsprüngen, und es klingt, als flüstert er mit sich selbst.

Wurzeln und ein paar Blütenstände bekomme ich in die Hand gedrückt. Unser pflanzenkundiger Wegführer hat sie dem Pharmazeuten geschenkt, und dieser bittet mich, sie abzuzeichnen und ihre natürliche Farbe festzuhalten. Froh bin ich, nicht nur als Pflückerin nützlich zu sein. Am Abend haben wir eine beachtliche Menge Sammelgut zusammengetragen.

Am nächsten Tag fahren wir ohne unseren Begleiter weiter hinauf, um noch Adonisröschen zu suchen. Die Felsen rücken dicht zusammen, in ihren Nischen verflechten alte Lärchen ihre Äste miteinander, Hochwasser führende Bäche versperren den Weg. Es geht sehr langsam vorwärts. Am Abend sind wir müde und abge-

Die Rast

spannt, die Arme schmerzen, die Finger sind steif. Viele Stunden haben wir im rüttelnden Auto gesessen und uns an den Haltegriffen festgeklammert. An einem wettergeschützten Platz stellen wir die Zelte auf, der Fahrer hackt mit der Axt ein Loch in den Boden, und bald sammelt sich bräunliches Wasser. Feuer machen, Nudeln und Tee kochen, essen und in das klamme Zelt kriechen – so werden auch die kommenden Abende verlaufen. Ein kalter Nebel steigt aus dem Boden. Vor Kälte kann ich nicht einschlafen. Morgen früh bin ich vielleicht an diesem Platz angefroren. Ein nasses Streichholz trockne ich an meinem Körper und zünde eine Kerze an, hoffend auf etwas Wärme.

Die Nacht vereint Himmel und Erde durch ihre Schwärze. In der Ferne ertönt das rhythmische Geklapper eiliger Pferdehufe. Sonst ist es ganz still. Ich lausche angestrengt. Der Hufschlag wird lauter und endet ganz in der Nähe. Was war das? Raschelte es nicht am Zelteingang? Weiche Sohlen tasten sich vorsichtig um das Zelt. Der Kälte wegen habe ich alles Verfügbare angezogen, die Beine stecken zusätzlich in einem leeren Pflanzensack, ich kann mich nicht bewegen. An lautloses Hinauskriechen und Nachschauen ist nicht zu denken. Wenn nun jemand leise die Zeltleinen löst, sie am Pferd befestigt und mit Galopp davonstürmt, das gestohlene Zelt samt Inhalt im Schlepp? Was soll ich machen? Aber dann, kaum hörbar, knirschen Pferdehufe, und ihr leichter Aufschlag entfernt sich in der Nacht.

Am Morgen ist dünnes Eis auf unserem Wasserloch. Wieder stehen wir in klammen Kleidern am Feuer und starren fröstelnd auf die Nebel, die die Bergwände hinaufsteigen und dem wolkenlosen Himmel zustreben. Wortlos schlürfen wir unseren Tee, warten auf den Fahrer, der in der Morgensonne von einem Spaziergang zurückkommt. Er hat für die Weiterfahrt einen Weg gesucht und dabei einen reißenden Gebirgsfluß entdeckt, den wir mehrmals durchqueren müssen. Alle wichtigen Gepäckstücke, besonders das Sammelgut, werden im Auto an das Dachgestänge gebunden. Vorsichtshalber ziehen wir Schuhe und Strümpfe aus, krempeln die Hosenbeine hinauf bis zum Knie und fahren los.

In den Bergen ist ein Unwetter niedergegangen. Das Wasser des Flusses schwillt zusehends an, doch schaffen wir die ersten Durchfahrten gut. Die Schwierigkeiten lassen nicht lange auf sich warten. Große Steine und ausgespülte Mulden können vom Ufer durch die dahinstürzenden Wellen nicht rechtzeitig erkannt werden. Schon sitzen die Räder fest, das eisige Wasser dringt schnell in das Wageninnere. Eine Stauwelle schlägt über die Frontscheibe. Wir klettern auf die Sitze. Der Fahrer legt den Rückwärtsgang ein und stößt den Wagen langsam zurück zum Ufer. Das ging noch einmal gut!

Mit dem Wetter haben wir kein Glück. Schlafsäcke und Stiefel werden nicht trocken, die Männer in ihrem Zelt ohne Boden beginnen über Gliederschmerzen zu klagen. Ich habe Dauerschnupfen. Das schlimmste ist: Unsere Adonisröschen fangen an zu schimmeln. Weiter hinauf in die Berge kommen wir nicht, es sei denn, wir steigen auf Pferde um. Glücklicherweise finden sich keine.

Der Pharmazeut gibt sich mit der Ausbeute zufrieden, das Rheuma plagt ihn, und wir beschließen zurückzukehren. Eine Sehenswürdigkeit wollen wir uns allerdings nicht entgehen lassen: Den Chuwsgul-See. *Die blaue Perle der Mongolei, Die kleine Schwester des Baikalsees, Die Mongolische Schweiz* ..., wieviel Namen hat man ihm gegeben? Wieviel Lieder rühmen seinen Zauber? Meine Erwartungen fallen buchstäblich ins Regenwasser. Drei Tage warten wir in unseren nassen Zelten auf Sonne – umsonst. Schwere graue Wolken hängen tief über der Wasserfläche, nicht einmal das gegenüberliegende Ufer ist zu sehen. Nicht weit von uns liegt die städtische Siedlung Chatgal. Zuerst fahren wir in die öffentliche Badeanstalt und nehmen ein heißes Bad, dann sichern wir uns ein Bett für die Nacht im kleinen Hotel. In der Eingangshalle hängt ein großes Bild: Der See mit einer Insel darin, rote, grüne und weiße Felsen begrenzen das Wasser, das so blau wie der Himmel ist. Ein weißer Dampfer pustet dicke Wölkchen aus seinem Schornstein, und die Sonne ist rund und groß. So sieht sie also aus, die blaue Perle! Von einer Tafel schreibe ich ab: 140 Kilometer lang, 40 Kilometer breit, 240 Meter tief. Spät im Herbst friert der See zu, dann übernehmen Pferdeschlitten die Transporte des Dampfers, Holz und Wollballen zumeist, und statt des Regens fällt Schnee. Wer ihn bewundern will, sollte besser im Winter kommen.

Durch lichte Lärchenwälder und enge, blumenreiche Täler, die nach Wermut und Minze duften, folgen wir einer Wagenspur, ohne daß wir Tier oder Mensch begegnen. Einmal sehen wir eine Jurte an einer Quelle, Anlaß für uns, in ihrer Nähe das Nachtlager aufzuschlagen und von den Araten Milch und Käse zu kaufen. Unser

Fahrer scheint die Familie gut zu kennen. Er nimmt einen Säugling auf den Arm und hüpft fröhlich mit ihm herum. Die Mutter des Kindes schaut zu, ihre dicken Zöpfe flechtend. Sie ist noch sehr jung, hochgewachsen, das Gesicht rotbraun von Sonne und Wind. Macht doch ein Foto von uns, bittet der Fahrer und stellt sich neben die Frau. Beide sind groß und schlank.

Nachdem alles für die Nacht vorbereitet ist, drängen sich neugierige Ziegen zwischen die Zelte. Sie stecken ihre Nasen in die Kochtöpfe und in die Säcke mit dem Sammelgut. Ein auffallend schönes Tier ist darunter. Es hat schneeweißes Fell, das bis auf den Boden reicht, die Stirn ziert ein ebenmäßig brauner Fleck. In das Fell und um die Hörner sind rote Bänder und Streifen von seidenen Tüchern geknüpft. Diese kleine Ziege ist besonders zutraulich. Mit den Vorderbeinen hüpft sie auf das Trittbrett des Jeeps und schaut hinein. Wollen wir sie fangen? frage ich. Ein Setertier fängt man nicht! Das ist die ganze Erklärung. Viel später höre ich von einem alten Brauch, daß in manchen Familien ein Tier mit besonderen Merkmalen, wie Hörnerverwuchs, eigenartige Fellzeichnung oder körperliche Abnormität, den Ortsgeistern als Reittier geschenkt wurde. Das bedeutete, daß der Besitzer des Tieres sein Eigentumsrecht abgegeben hatte, er durfte es fortan weder schlachten noch ihm das Fell scheren, es einsperren oder gar aus Altersgründen töten. Als Zeichen, daß es sich um ein «Geschenk an die Geister» handelte, wurde das entsprechende Tier mit Bändern, Seter, geschmückt. Kein Mongole vergreift sich an einem so gekennzeichneten Tier. Nur einmal, hier oben, habe ich so einen Brauch gesehen. Der Glaube,

Geister durch Geschenke gütig zu stimmen, ist der Überzeugung gewichen, daß es von der eigenen Kraft abhängt, seinen Platz im Leben zu behaupten.

Am Morgen, als wir aus unseren Zelten kriechen, sitzt ein Mann an der erkalteten Feuerstelle. Sein Pferd sucht abseits nach Gräsern.

Hattet ihr eine ruhige Nacht? begrüßt er uns freundlich und klopft dabei mit seiner Pfeife an den Stiefelschaft, die geöffnete Tabaksbüchse neben sich. Mit seinen schwarzen Augen mustert er einen nach dem anderen. Was wir für Leute sind, will er wissen. Er kommt von den Bergen herunter, der Jäger, ist auf dem Weg nach Hause, um seiner Frau bei ihrer Arbeit mit der Yakherde zu helfen. Wir entfachen ein helles Feuer und hängen den Teetopf darüber, der Jäger ist unser Gast. Währenddessen ziehe ich meinen Schlafsack aus dem Zelt, lege ihn zum Trocknen an die kühle Morgenluft, dabei geringschätzig mein allmorgendliches «muu maichan», schlechtes Zelt, murmelnd. Ob es regnet oder nicht, jeden Morgen sind die Nylonwände innen mit Wassertröpfchen überzogen, die auf den Schlafsack perlen und die Sachen klamm werden lassen.

Er habe uns schon einmal getroffen, sagt der Jäger plötzlich, nachts, als wir schliefen. Er sei um das kleine Zelt herumgelaufen. Schönes Zelt, leicht, klein, genau richtig für einen Jäger. Er will es kaufen.

Ich sage spontan zu. Der Gedanke, das feuchte Haus nicht mehr zu sehen, gefällt mir. Doch wo verbringe ich dann die Nacht? Der Pharmazeut wiegt seinen Kopf. Er überdenkt die Möglichkeit einer allseitig günstigen Lösung. Im Männerzelt ist kein Platz, und im Jeep stößt sich der Fahrer den Rücken wund. Die wenigen Nächte bis zum Flugplatz werden wir bei Araten verbringen, das läßt sich einrichten. So lautet der Beschluß.

Damit beginnt die Geschäftszeremonie. Die guten Eigenschaften des Zeltes, das geringe Gewicht, sein schönes Aussehen werden gelobt. Ich halte mich da heraus. Mir ist es peinlich, das Ding, das ich täglich beschimpft habe, plötzlich als einen so perfekten Gegenstand dargestellt zu sehen. Doch das gehört nun mal zu einem Handel. Durch Kopfnicken bestätigt der Jäger die genannten Vorzüge, er ist voller Vorfreude. Bisher hat er im Freien geschlafen, nur manchmal unter einer Plane. Jetzt wird es bequem sein. Er hat keine Lust, den Preis herunterzuhandeln. Geld habe er genug, er liefere erstklassige Felle ab, und unter seinesgleichen sei er ein geachteter Schütze. Da er den Männern keine Gelegenheit gibt, eine Meisterschaft im Feilschen auszutragen, einigt man sich auf einen Freundschaftspreis. Am Nachmittag soll das Geschäft gemacht werden. Doch schon am Mittag ist er wieder da. Das sauber gepackte Nylonbündel ist nicht größer als ein Hut. Mit beiden Händen nimmt er es an sich. Dann zieht er ein Stückchen Stoff aus dem Stiefelschaft, darin hat er die Geldscheine eingeschlagen. Zum Abschluß der Handlung, an der alle teilnehmen, holt er aus dem Brustlatz seines Deels ein Fuchsfell hervor. Rotgolden schimmert es in der Sonne, der buschige Schwanz endet in einer weißen Spitze. Er legt es bedächtig in meine Arme.

Ich habe eine große Freude empfangen, deshalb möchte ich dir auch eine Freude bereiten! Ich schaue fragend zu den Männern. Sie nicken zustimmend, befühlen und begutachten das Geschenk. Laut rühmen sie nun die Qualität des Felles, den Glanz der seidenen Haare und die Treffsicherheit des Jägers. Obwohl ich das Andenken nicht mit nach Hause nehmen kann – Pelze darf man nicht ausführen –, freue ich mich sehr über diese Geste.

Unsere Sachen sind im Auto verstaut. Der Fahrer rennt noch einmal hinüber in die Jurte, kommt aber gleich zurück. Ich habe mich nur von meiner Frau und dem Söhnchen verabschiedet, ruft er, jetzt können wir weiterziehen. Sagte er Frau und Sohn? Hatte er uns nicht schon am Flughafen seine Frau vorgestellt? Bestimmt habe ich da etwas falsch verstanden.

Wir fahren zurück in Richtung Bezirkszentrum. Nur der gesammelten Heilpflanzen wegen legen wir Pausen ein, um sie in den Säcken zu lockern oder gar umzuschichten. Denn wenn sie verschimmelt im Labor ankommen, war unsere Arbeit umsonst. Zwei Nächte nehme ich von freundlichen Araten einen Schlafplatz an, dann sind wir am Flughafen. Unserem Fahrer sagen wir dankende Worte, die aus dem Herzen kommen. Wir haben wie eine Familie zusammengehalten. Nun warten wir gemeinsam auf das Flugzeug.

Der Flughafen ist nicht groß, die Linienmaschinen haben den Boden festgerollt, und wenn die AN 24 startet oder landet, wirbelt sie eine dichte Wolke rötlichen Staubes auf. Um sich vor dem Staub zu schützen, rennen die Wartenden davon, oder sie pressen Tücher vor ihr Gesicht und lassen die rötliche Druckwelle über sich ergehen. Vielleicht schon im nächsten Jahr wird hier eine Betonpiste gebaut, dann ist Schluß mit dem Staub und den Unbequemlichkeiten. Heute sitzen wir noch auf Holzbänken im Wartehaus oder direkt im Gras auf dem Fluggelände.

Außer ihrem persönlichen Gepäck haben die Wartenden Säcke mit Heu oder Bündel halbtrockenen Grases bei sich. Einige Leute hocken am Zaun, reißen mit ihren Händen Gras ab und breiten es in der Sonne aus. Durch die reichlichen Regenfälle ist es hoch und kräftig gewachsen. Neben dem Häuschen, in dem die Flugscheine verkauft werden, steht eine Waage. Eine rundliche Frau in blauem Arbeitskittel und weißem Kopftuch wiegt die Heubündel der Reisenden nach. Dann schüttet sie alles auf einen Haufen, den ein alter Mann beaufsichtigt. In dieser Zeit bekommt auf diesem Flugplatz nur der einen Flugschein, der zusätzlich zum Flugpreis zehn Kilogramm Heu abliefert. Die Reisenden, die ahnungslos aus den Bergsteppen kommen, versuchen deshalb gleich auf dem Gelände das geforderte Gras zusammenzubringen.

Unsere beiden großen prallgefüllten Pflanzensäcke erhalten sowohl anerkennende als auch begehrliche Blicke. Dabei sind wir selbst ratlos. Woher sollen wir noch dreißig Kilogramm Heu nehmen? Jeden Moment kann die Linienmaschine über den Bergen erscheinen und auf die Staubpiste aufsetzen. Unser Pharmazeut verschwindet im Verwaltungshaus des Flugplatzes. Wir zwei Zurückgelassenen beraten, ob der eine die Pflanzensäcke bewachen und der andere inzwischen Gras ausrupfen soll. Da wir aber die geforderte Menge sowieso nicht zusammenbringen werden, lassen wir die Idee fallen. Als das Flugzeug landet, steht auch unser

Pharmazeut mit drei Flugscheinen neben uns. Die Flugdienstzentrale hat unsere getrockneten Heilpflanzen anerkannt.

Mit unserem Kraftfahrer, dem die Tage mit uns gefallen haben, witzeln wir noch ein wenig, um vom Abschiednehmen abzulenken. Ihr müßt schnell zurück in die Hauptstadt, ich weiß doch, daß ihr Heimweh habt, redet er den Männern ein, und diese raten ihm, er soll auf seinen Fahrten nicht mehr nach schönen Mädchen schauen. Auch ich bekomme meinen Teil: Schaffe dir endlich Kinder an! Wer soll sonst im Alter für dich sorgen?

Während wir so herumalbern, wird deutlich, daß unser Fahrer tatsächlich draußen in der Steppe noch ein Söhnchen hat. Denn als er mich fragt, welcher Mutter er das Stück Lavendelseife geben soll, das ich ihm zum Abschied geschenkt habe, verstehe ich endlich seine Frage. Wir werden immer übermütiger. Jemand schlägt einen Ringkampf vor. Der Pharmazeut zieht vorsichtshalber die Pflanzensäcke beiseite, und ehe er abwehrend die Hände heben kann, wird über Lautsprecher der Rückflug der Maschine angekündigt.

Den Ringkampf tragen wir das nächste Mal aus, einverstanden? Der Kraftfahrer winkt uns mit seiner Mütze zu, bis die Luken des Flugzeuges geschlossen sind und wir in den blauen Himmel steigen.

Wer in die Mongolei reist und keine Geduld mitbringt, sollte gleich wieder nach Hause fahren. Hier sind die Stunden länger, und auf einen Tag mehr oder weniger kommt es auch nicht an. Ich habe mich daran gewöhnt, mich nicht aufzuregen, wenn mein Zeitplan ins Wasser fällt. Ich möchte den höchsten Berg sehen und ihn malen. Daß er majestätisch und mit ewigem Schnee bedeckt in den blauen Himmel ragt, daran habe ich keine Zweifel. Deshalb muß ich zu ihm gehen, egal, ob der Weg weit und meine Zeit knapp bemessen ist.

Ich bin in Chowd, in der Westmongolei, eingetroffen. Weil vor dem Flughafen ein Omnibus auf Fahrgäste wartet, komme ich schnell in das Bezirkszentrum. Auf dem Platz vor dem Theater und dem Hotel steige ich aus und frage mich zum Sitz der Künstlerabteilung durch. Als ich, dort angekommen, die niedrige Holzpforte öffne, tritt der Leiter gerade aus der Haustür – ein Mann Ende Dreißig, tadellos gekleidet in hellem Anzug und sandfarbenem Strohhut. Er versteht nicht sofort, was ich will. Vielleicht habe ich vor Aufregung ein wenig genuschelt. Erst nachdem ich zum dritten Male meinen

Name nenne und mich ihm als Kollegin vorstelle, die seinen Rat und seine Unterstützung erbittet, nickt er langsam mit dem Kopf und bittet mich in die Abteilung. Er ist allein. Diesmal habe ich eine ordentliche Bescheinigung vom mongolischen Künstlerverband in der Tasche, mit gewichtigem Stempel und allerhöchster Unterschrift. In dem Schreiben wird mitgeteilt, daß ich mich auf der Grundlage von Verträgen zwischen unseren beiden Künstlerverbänden im Lande aufhalte und alles selbst finanziere. Bereitwillig nimmt der Leiter ein Blatt Papier aus einer Mappe und zeichnet die Route von Chowd bis zum höchsten Berg des Landes, dem Munkchairchan-Massiv, auf. Er wehrt energisch ab, als ich sage, ich könne doch sicherlich mit einem Lastkraftwagen mitfahren. Unmöglich! Hochgebirge, Abhänge, Sümpfe, keine Straßen! Manch LKW sei auf den schmalen Pässen schon umgekippt … Auf mich macht die Aufzählung der Hindernisse keinen Eindruck, fahren doch oft genug Autos dort hinauf. Da sagt er noch: Sie sind doch ausländischer Gast! Das also ist der Grund für seine Abwehr. Zum Glück schlägt er mir vor, er werde gleich mit dem Bezirkssekretär sprechen. Mit einem Jeep müsse ich fahren, mit einem zuverlässigen. Leider habe er keine Zeit, aber der Maler Damdisuren habe gerade Urlaub, er werde bestimmt gern mitkommen. Ich werde mich gleich um alles kümmern, versichert er, haben Sie nur ein wenig Geduld!

Ach ja, Geduld! Doch entgegen meiner Erfahrung geht diesmal alles schnell. Ein Auto ist da, der Maler Damdisuren steht reisefertig daneben, verlegen lächelnd. Und noch ein Mann ist dabei, der, wie es sich herausstellt, Kunsterzieher in einer Schule hoch in den Bergen ist. Er will uns begleiten. Der Kraftfahrer steckt mit dem Kopf unter der Motorhaube. Während er irgend etwas an- oder abbaut, besingt er einen Mann, der anscheinend Schand oder Steppen-Schand heißt. Bald bricht er seinen Gesang ab, schaut uns geduldig Wartende freundlich an und sagt: Kaputt! Ich muß erst ein Ersatzteil besorgen. Aber heute bekomme ich es nicht mehr. Morgen hole ich Sie alle wieder ab.

Er kommt nicht morgen, auch nicht übermorgen. In der Zwischenzeit quält mich die Hitze. Im Zentrum der Stadt stehen ein paar alte Bäume. Sie haben jetzt Gesellschaft bekommen, ein Stadtwäldchen wurde angelegt. Die jungen Stämme ragen aus künstlich gezogenen Wassergräben, damit sie einmal kräftige Äste und dichtes Laub bekommen. Heute spenden sie noch keinen Schatten, doch in ein paar Jahren wird diese Anlage sicher ein beliebter Aufenthaltsort der Chowder sein.

Seit ich hier bin, sind täglich vierzig Grad Hitze, kein Wind. Ich suche müde den Fluß Bujant, der an der Stadt vorbeifließt. Zuerst finde ich hinter den letzten Häusern und Jurtenzäunen eine hohe Lehmwand. Sie gehört zu einer verfallenen Mauer. Für Filmaufnahmen ist das Stück wieder in den alten Zustand gebracht worden, und mit knapp fünf Meter Höhe ist es recht beeindruckend. Wie dick so eine Mauer ist! Ich habe einmal gelesen, daß früher auf ihr zwei Pferdegespanne nebeneinander gefahren sein sollen. Schwer vorstellbar! Zwei Reiter – das könnte ich mir denken.

Heute ist Chowd zu einem der größten Bezirkszentren der Volksrepublik angewachsen. Einträchtig leben vierzehn Nationalitäten mongolischer und türkischer Herkunft nebeneinander. Die Frau mit dem weißen, haubenartigen Kopftuch, die mit einer Wasserkanne an mir vorübereilt, gehört einer kasachischen Familie an. Langsam folge ich ihr, vermutend, daß sie zum Wasserschöpfen geht.

Bis hinüber zum Fluß ziehen sich kleine Sumpflachen. Aus ihnen schwirren Tausende von Mücken, die sich alle auf mich stürzen wollen. Habe ich soeben vor Hitze meine Windbluse ausgezogen, muß ich sie der Blutsauger wegen wieder überziehen und mit dem Taschentuch das Gesicht bedecken. Meine Hände sind im Nu zerstochen und schwellen an. Die Chowder Bürger haben ihre Jurten aus dem Zentrum an den Fluß gebracht. Er ist nicht tief, aus den Bergen bringt er klares, kühles Wasser. Aber kein Baum, kein Schatten. Ich suche Argal zum Feuermachen, finde aber nur Krümel. Hier sind kaum Herden, und wenn doch einiges Vieh zum Fluß kommt, warten schon die Kinder auf dessen Mist, um ihn zum Jurtenofen zu tragen. Ich suche mir ein stilles Plätzchen, wo mich keiner sehen kann. Es gelingt mir auch, ein kleines Schwelfeuer anzuzünden. Die Beine hänge ich ins Wasser, den Kopf halte ich in die Rauchschwaden, um ein wenig vor den Mücken geschützt zu sein. Matt und vor mich hin dämmernd, liege ich in der grellen Sonne bis zum Abend.

Den nächsten Tag verbringe ich ebenso und den übernächsten auch. Den Vorschlag des Leiters der Künstlerabteilung, das Eisenbetonwerk oder die Ziegelei anzusehen, lehne ich ab. Bei vierzig Grad Hitze fehlt mir die Lust für jede Unternehmung. Da verbrenne ich mir lieber die Haut am schattenlosen Flußufer und träume von der Kühle der Berge.

Endlich! Das Auto steht wieder vor der Tür, auch der Maler und der Zeichenlehrer. Mich hat die Hitze so gequält, daß der bloße Anblick meines dicken Pullovers und der Manchesterhose mich stöhnen läßt. Ich lasse die Sachen im Hotel zur Aufbewahrung zurück. Meine Sommerbekleidung, hier noch lästig, wird in den Bergen gerade angenehm sein. Nur weg! Weg aus diesem Hitzeloch!

Hui, Eetschee, wir fahren! Vom ersten Augenblick an gefällt er mir, wie er, kaum zwanzigjährig, am Steuer sitzt und singt, vom frühen Morgen an. Da er der Jüngste unter uns ist, werden alle Wünsche und Aufträge an ihn gerichtet. Das ist hier Tradition. Nun sitze ich neben ihm, höre seinen Liedern zu und freue mich, wenn er mich Eetschee, Mutter, nennt.

Das Auto rollt die staubige Piste entlang. So geht es einige Zeit, oft halten wir an, um uns außerhalb des Wagens ein wenig abzukühlen. Aber draußen ist es genauso heiß wie drinnen. Die Mücken sind noch immer eine entsetzliche Plage. Manchmal bilden sie eine graue Wand mitten auf dem Weg, und es gelingt mir nicht, fünf Minuten stillzusitzen und zu zeichnen. Die wenigen Sachen, die ich an Kleidungsstücken bei mir habe, ziehe ich an. Die Mongolenfrauen tragen dicke, lange Strümpfe und den langärmeligen Deel jetzt im Spätsommer. Außerhalb der Jurten wehren sie die aufdringlichen Blutsauger mit einem Yakschwanz ab.

Die letzte Jurtensiedlung auf dem Weg zum höchsten Berg ist erreicht. Hier übernachten wir und leihen uns

Wolldecken und Töpfe aus dem Übernachtungshäuschen, kaufen Nudeln, Tee und Salz. Der Bürgermeister bewilligt den Kauf eines Schafes, ist aber dagegen, daß wir im Freien schlafen wollen. Er kennt seine Berge genau, in den Nächten gibt es oft genug Fröste und Schneeregen. Der Maler Damdinsuren ist sehr schweigsam. Während der Fahrt hat er kaum ein Wort gesagt. Wie gut, daß mich der Leiter der Künstlerabteilung darauf hingewiesen hat, daß seine Kollegen ihn den Lautlosen nennen. Aber umsichtig ist er und hilfsbereit, dazu bedarf es auch keiner Worte. Weil er jetzt schweigend neben dem Bürgermeister steht, übernimmt der Lehrer das Gespräch. Nach Wegschwierigkeiten fragt er, nach Trinkwasserquellen und nach Jurtenplätzen. Auch der Lehrer ist eher ein stiller als ein leutseliger Mann. Leise und freundlich trägt er seine Fragen vor, und der Bürgermeister gibt gern Auskunft. Er erinnert sich, daß eine Expeditionsgesellschaft einmal ein Zelt dagelassen hat. Gleich schickt er einen der Jungen, die mit offenem Mund um uns herumstehen, das Bündel zu holen. Ein Zeitungsreporter aus Chowd, der einen Bericht über den diesjährigen Zuwachs an Jungvieh schreibt, kommt angerannt. Reporter haben einen siebenten Sinn für Neuigkeiten. Selbst wenn es keine wirklichen Neuigkeiten sind, so machen sie welche daraus. Woher? – Wohin? – Weshalb? Die Fragen wollen kein Ende nehmen! Vor ungefähr zehn Jahren war er einmal dienstlich in Berlin, das muß er sofort allen laut mitteilen. Berlin – wunderbare Stadt! So sauber! Sehr nette Berufskollegen! Und das Bier – Spitzenklasse! Als Gegenleistung für die damalige gute Betreuung möchte er jetzt mich betreuen.

Das bedeutet, daß er uns zum Fuß des höchsten Berges führen möchte. Von dort ist er gerade gekommen, und er traut uns nicht zu, tüchtige Fährtensucher zu sein, deshalb möchte er mit seinem Jeep uns vorausfahren, als Lotse sozusagen. Gesagt, getan.

Auf einem Paß halten wir an und steigen aus. Jetzt bemerke ich erst, daß im Wagen unseres Lotsen noch zwei Männer sitzen. Sie klettern heraus und stellen sich vor, beide sind Schafzüchter, die die Gelegenheit nutzen, mit dem Reporterjeep in das Bezirkszentrum mitzufahren.

Vor uns schimmert unter blauem Himmel der ewige Schnee des fünfgipfligen Bergmassivs. Mir ist, als sei eine Seite in einem Märchenbuch aufgeschlagen worden. Felsen – Eis – Himmel, kein Anzeichen von Leben. Dafür eisiger Wind. Skizzenheft und Bleistift sind griffbereit, ich versuche, die Bergsilhouette festzuhalten. Die kalte Luft durchdringt die Kleidung und macht mich frösteln. Es bleibt kaum Zeit, sich das prachtvolle Bild einzuprägen, denn der Zeitungsmann ergreift meinen Arm und schiebt mich hinter einen Felsvorsprung. Dort sitzen bereits seine beiden Begleiter und unsere Maler mit dem Kraftfahrer im Windschatten. Vier Gewehre liegen bereit, die sechs Männer begutachten sie kritisch. Auch ich muß nachweisen, wie es um meine Treffsicherheit bestellt ist. Wieder werde ich am Arm gepackt – der Wind heult zu laut, um Worte zu gebrauchen – und in den Jeep des Reporters gezerrt. Ich muß die Gewehre festhalten, und dann geht es auf und davon. Eine Wegspur ist nicht zu erkennen, durch Felsgeröll und Sumpfrinnen müht sich der Wagen nach oben. Allerdings habe ich nicht erwartet, daß Sümpfe unsere Fahrt in kahle Felsenregionen so erschweren würden. Aber der Frostboden läßt das Wasser nicht einsickern. Endlich sind wir am Ziel. Nach drei Seiten Steilhänge. Gletscherschmelzwasser schießt wie ein Wasserfall über einen Grat und hat einen glasklaren See gebildet. Der Reporter verabschiedet sich, denn weiter hinauf kann man nur per Pferd. Er muß sich beeilen, vor dem Dunkelwerden will er noch eine Piste finden, die nach Nordost führt.

Wir bleiben zurück. Keiner war jemals hier. Die Stille schüchtert uns ein, fast möchte ich sagen, die «laute Stille», so sehr beeindruckt das Schweigen der Natur. Nicht einmal ein Vogel oder eine Mücke schwirrt vorbei. Unwillkürlich sprechen wir leise. Wen fürchten wir zu stören?

Der Topf und der Ziegeltee werden ausgepackt, drei Steine zusammengestellt. Der Kraftfahrer schaut uns hilflos an, woher soll er Brennmaterial nehmen in dieser Einöde? Und wir brauchen viel davon, weil das Schaf, das gefesselt im Jeep liegt, geschlachtet und gekocht werden soll. Gemeinsam machen wir uns auf die Suche. Das erste, was wir entdecken, ist ein großer Stein mit der Aufschrift: Alpinade 11. 7. 1980/Munkchairchan 4658 m, Basislager 3580 m. Wir schauen herum und werden fündig. Die Bergsteiger haben einen Stapel Argal zurückgelassen. Das ist Grund genug, neben ihm unser Zelt aufzustellen. Allerdings ist das leicht gesagt. Nachdem wir Strippen und Planen auf dem Boden ausgelegt haben, weigern sich die mongolischen Maler, mit anzupacken. Eine Jurte, ja, die würden sie sofort errichten, aber mit so einem Ding kämen sie nicht zurecht.

Wir trinken zuerst einmal Tee mit Salz. Bevor der erste Schluck genommen wird, opfert der Jüngste eine Kelle davon dem Himmel. Danach erhalten auch die drei Kochsteine je ein Löffelchen Tee, das ist die Gabe an die Feuergeister.

Als das Zelt endlich steht, überlegen wir, welche Expedition es wohl zurückgelassen haben könnte. Es sieht aus wie ein deutsches Gartenklo, gekreuzt mit einem französischen Badezelt. Um hineinzukommen, muß die ganze Vorderseite hochgeklappt werden. Der Wind legt sich auch gleich in die Stoffwände, bläst das Zelt auf und rüttelt an den dünnen Leinen. Meine drei Reisebegleiter, alle drei Nomadensöhne, schauen teils spöttisch, teils belustigt auf unser Haus. Der Kraftfahrer singt wieder sein Lied vom Schand, einem Mann, der anscheinend alles konnte. Ich hätte mir auch ein zweckmäßigeres Zelt gewünscht, aber ich bin froh, die Nacht nicht im Freien verbringen zu müssen. Besser ein schlechtes als gar kein Dach über dem Kopf.

Zu unseren Füßen der kristallklare See, über den Häuptern, zum Anfassen nah, die Schneehaube des höchsten Gipfels, von dem der Wind weiße Eissternchen bis zu uns herunterweht. Ich kneife mich ins Ohr. Nein, es ist kein Traum! Habe ich jemals ein so brillantes Weiß, ein so leuchtendes Blau gesehen? Einen so majestätischen, Schweigen gebietenden Wohnsitz einer Ortsgottheit? Welchen Namen könnte ich dem unsichtbaren Berggott, der von gläserner Höhe auf uns wie auf winzige Kriechtiere herabschaut, wohl geben?

Eine Stunde später hat sich das Farbenspiel gewandelt, alles ist grau. Wolken haben sich tief herunterge-

Araten am höchsten Berg

senkt und die Felsschluchten ausgefüllt, Regen und Hagel peitschen das Wasser. Zusammengedrängt sitzen wir frierend im Zelt, die Nässe rinnt außen und innen an den Wänden herunter, wie sollen wir da unser Gepäck trocken halten?

Nach vier Stunden regnet es noch immer. Draußen wird es dunkel. Der Hunger meldet sich. Wir richten uns darauf ein, das arme Schaf im Zelt zu töten und zu zerlegen. Jeder, außer mir, zieht sein Messer hervor und prüft die Schärfe des Stahles. Der Älteste von uns, der Maler, ist auch der Erfahrenste in derlei Verrichtungen. Das widerstrebende Tier wird in das Zelt gezogen und mit einem plötzlichen Ruck auf den Rücken geworfen. Mit seinem Knie drückt der Maler es an den Boden. Dann macht er geschickt einen etwa acht Zentimeter langen Schnitt in die Herzgegend, schiebt vorsichtig seine Hand hinein und zerreißt mit zwei Fingern die Aorta. Das Schaf sperrt weit das Maul auf, aber einen Schrei höre ich nicht. Einige Male werden die Augen des Tieres mit dem Daumen berührt, um zu prüfen, ob es noch reagiert oder bereits erstickt ist. Das alles geht sehr schnell vor sich, kein Schrei, keine Bewegung, kein Blut. Bisher konnte ich es vermeiden, beim Töten der Tiere zuzusehen. Diesmal mußte ich meinen Mut zusammennehmen und die Sache nüchtern wie eine notwendige Arbeit betrachten. Minuten später kochen die Innereien im Topf, das Feuer wärmt uns, der Kraftfahrer hat den kostbaren Argal mit einem Stück Wachstuch vor Nässe geschützt.

Keiner schläft gut in dieser Nacht. Wir frieren jämmerlich, und der Sturm reißt am Zelteingang, der sich nicht schließen läßt. Mit der Morgensonne stehen wir auf, steigen auf ein Plateau und legen Pinsel und Farben aus. Aber mehr ist nicht zu machen. Zu Eis sind die Ränder des Wasserfalls geworden in dieser Nacht. Aber ich muß doch den Berg malen, wie er mich lockt und zugleich abweist. Ich will ihn bezwingen auf meinem Bild. Doch es ist noch zu kalt. Zwischen Schneeflocken wachsen ein paar Wildzwiebeln, die wir ausgraben und in die Taschen stecken, warm werden wir nicht dabei. Entschlossen raffe ich mit steifen Händen meine Malsachen wieder zusammen und verkünde, daß ich jetzt stracks zu jenem Berge laufe, der in der Morgensonne liegt, und dort ein Bild malen werde. Bestimmt halten meine Begleiter mich für starrsinnig, denn sie schauen sich verwundert an. Als ich losgehe, kommen sie gutmütig hinterher. Gesprochen wird nicht, wir keuchen etwas in der dünnen Luft die Hänge hinauf und hinab, wir genießen den Blick über das Bergrelief. Den Druck in meinem Kopf und das leichte Schwindelgefühl schiebe ich auf die Höhenlage, sage aber nichts. Ich muß mir den Anschein geben, ich könne neben dem stabilsten der Männer bestehen, wenngleich auch mit zusammengebissenen Zähnen. Wenn wir Rast machen, kriecht die Kälte den Rücken hinauf. Der Maler hat plötzlich Nasenbluten. Wir bieten uns an, Schnee herbeizuschaffen und ihm in die Nasenlöcher zu stopfen oder eine Schneepakkung auf seinen Hinterkopf zu legen. Der Umsorgte lehnt die Angebote ab, es geht schon wieder. Außerdem treiben uns Regenwolken in das Tal zurück.

Und wieder hocken wir Stunden in diesem komischen Zelt, halten abwechselnd Decken und Rucksäcke hoch, um die Wasserlachen aufzuwischen. Mir klappern die Zähne vor Kälte. Meine Ruhe, mein Lächeln – alles Theater! Ich ärgere mich, daß ich hier herauf wollte. Hatte ich etwa geglaubt, diesen Berg besteigen zu können? Und dazu nur in Wanderschnürschuhen und dünner Jacke? Ich kann mir meinen Leichtsinn nicht verzeihen, die warmen Sachen unten in Chowd gelassen zu haben, nur weil dort vierzig Grad Hitze waren. Daß es im Hochgebirge kalt ist, weiß doch jedes Kind! In meinem Ärger bin ich ungerecht gegen den Berg. Ich würdige ihn keines Blickes, als sei er schuld an meiner Dummheit. Doch der erhabene Berggeist interessiert sich überhaupt nicht für uns. Er hat sich hinter eine graue Wolkenwand zurückgezogen.

In dieser Nacht bricht unser Zelt zusammen. Daß jeder insgeheim froh darüber ist, merke ich daran, daß die sonst schweigsame Mannschaft lärmt und Scherze macht. Theatralisch zieht der Maler im Morgengrauen sein längliches, in Ölpapier eingewickeltes Arbeitsinstrument, wie er es nennt, aus dem Haufen Zeltstoff heraus. Ich hielt es bislang für eine zusammenklappbare Feldstaffelei. Doch als er das Papier entfernt, kommt ein Gewehr zum Vorschein. Sein Anblick reizt sofort den Spieltrieb meiner Begleiter. Munition taucht aus Hosentaschen auf, Zielsteine werden aufeinandergestellt. Ich weigere mich mitzutun, außerdem zittern meine Hände vor Kälte. Der Jüngste wird beauftragt, Feuer zu machen und Wasser zu holen.

Unser Tee besteht aus vier Blättchen Tee auf drei Liter heißes Salzwasser. Ich kündige an, zum Abschied vom höchsten Berg ein zweites Morgengetränk zu bereiten. Von der Sohle des Rucksackes hole ich sie herauf, die eiserne Reserve für Katastrophenfälle: ein Döschen Bohnenkaffee, gefriergetrocknet und vollaromatisch, sechs Monate gehütet und geheimgehalten. Alle bestaunen die schwarzen Krümel, noch keiner hat je Kaffee getrunken. Das ist eine Ausnahmesituation, die ein Zeremoniell erfordert. Was haben wir denn sonst noch?

Zuerst gieße ich das kochende Wasser, auf dem Fettaugen schwimmen, weg. Nicht einfach so, wie man Spülicht ausschüttet, nein, ich gebe es dem See zurück und fange einen Strahl Gletscherwasser auf. So gehört es keinem, weder dem Berg noch dem Tal. Während es sich erhitzt, schichte ich heiße Steine um die leeren Teeschalen, damit das Porzellan die Wärme aufnehmen kann. Ich werde einen starken Kaffee zubereiten, der sich nicht mit Tee verwechseln läßt. Das körnige Pulver reicht gerade für die vier Schalen und für das Opfer. Mit einem warmen Stein drücke ich vier winzige Mulden in den Erdboden, in jede Himmelsrichtung eine. Nach einer leichten Verbeugung erhalten sie ein Krümchen Kaffee und ein paar Tropfen heißes Wasser, bevor die Schalen gefüllt werden. Mir macht es Spaß, ein Ritual zu erfinden, ein bißchen Theater zu spielen, ohne reden zu müssen. Außerdem ist es eine Gelegenheit, etwas für unsere kleine Gruppe zu tun. Den fremden Duft genießend, hält jeder seine Schale unter die Nase.

Mögen die, die nach uns kommen, auf diesem Platz mit einem so guten Trank versorgt sein!

Das Zeremoniell ist besser als der Kaffee. Enttäuschte Gesichter ringsum. Nein, schmeckt ja überhaupt nicht! Viel zu bitter! Nur schnell austrinken, damit er weg ist. Sollten wir eine Jurte finden, bitten wir um eine große Kanne Milchbranntwein, um den üblen Geschmack zu vergessen.

Wir finden beides, die Jurte und den Schnaps. Und den liebenswürdigsten Hausherrn dazu. Keine Frage bleibt ohne Antwort, und nach der dritten Schale Milchbranntwein erklärt er uns, warum der Maler Nasenbluten bekam.

In früherer Zeit ist einem Mann vom Stamme der Dsachtschin die seltene Schönheit des Berges «Schneereicher Gütiger» aufgefallen, der nicht weit von hier liegt. Der Mann errichtete zu beiden Seiten des Berges einen Owoo und gründete einen Opferplatz von beträchtlichem Ausmaß, damit auch die Vorübergehenden einen Gruß in Form einer Gabe an den Berggeist richten konnten. Eine Sage erzählt, daß bald darauf auf des Berges Gipfel, genau in seiner Mitte, ein Sandelbaum wuchs, der von einem kleinen Wasserlauf getränkt wurde. Obwohl der Schnee selbst an den wärmsten Sommertagen nicht wegtaute, erlaubte der Berggeist jedoch dem Stammesschamanen, zu dem Baum hinaufzusteigen und dessen Schönheit zu rühmen. Durch diese Kunde neugierig gemacht, begaben sich eines Tages zwei Lamas auf den Weg, um mit Hilfe ihrer Zauberkräfte ebenfalls auf den Berg zu gelangen. Sie wollten sich überzeugen, ob es den Wunderbaum im Eis wirklich gibt oder ob es eine Erfindung des listigen Schamanen war. Als sie die letzten Meter des erstrebten Gipfels erklimmen wollten, rann ihnen plötzlich das Blut aus der Nase. Sie vermochten nicht, es zum Stillstand zu bringen, und so verbluteten sie und starben, ohne das Wunder überprüft zu haben. Seither hat niemand mehr versucht, den Baum zu finden, und er ist vergessen worden.

Unser Gastgeber ist ein großartiger Geschichtenerzähler. Er flüstert und beschwört, malt mit seinen dunkelbraunen Fingern Bilder in die Luft. Ob ich die Sage aufschreiben darf? Er lacht vergnügt und meint, davon gäbe es so viele, wie Reiskörner in seine Hand gingen.

Weil wir heute nicht weiterfahren, hat auch unser Kraftfahrer, ganz gegen seine Gewohnheit, ein Schlückchen getrunken. Nun glüht sein Gesicht, seine Augen glänzen, und er trällert leise vor sich hin. Durch den Umtrunk sind meine Hemmungen auch etwas geringer geworden, mir ist wohlig warm, und ich necke unseren Jüngsten: Du hast heute noch nicht deinen Herrn Schand besungen. Magst du ihn nicht mehr? Da wendet sich unser Fahrer an den alten Mann: Wie war das doch, Vater, gehörte der Rote Schand nicht zu den Dsachtschin? Der Angesprochene schweigt. Das Lächeln in seinen Augen verschwindet, sein Gesicht wird abweisend. Er lebte hier bei uns, bei uns Dsachtschin, sagt er langsam, Grünen Schand nannten sie ihn. Nein, Roten. Oder beides? Ist schon zu lange her. Habe ihn nicht mehr gekannt.

So viele Zunamen bekommt nicht jeder Mensch, folglich muß etwas Besonderes an ihm gewesen sein. War er ein Held? Ein Zauberer? Weder das eine noch das andere. Er war ein Sonderling, der es bei den starrköpfigen Dsachtschin schwer hatte.

So ist jedenfalls die Meinung des Hausherrn. Ein Neuerer war er! Ein Revolutionär! rutscht es unserem Fahrer heraus. Er hält erschrocken inne, weil ihn niemand um seine Ansichten gebeten hat. Der Lehrer trifft den richtigen Ton, als er sagt, daß hier im Bezirk doch viele Stämme friedlich wie eine große Familie miteinander leben und daß gerade der Stamm der Dsachtschin schon einmal einen berühmt gewordenen Menschen hervorgebracht hat, den Magnaj nämlich, der mit seinen zwei Metern und dreißig Zentimetern der größte Mann der Mongolei wurde. Warum sollte nicht auch der Schand durch seine Ungewöhnlichkeit seinen Stamm weit im Lande bekannt machen? Zwar geht er nicht mehr unter den Lebenden, aber jeder spricht von ihm, als sei er nur verreist und käme irgendwann zurück.

Er sah anders aus als wir, beharrt der Hausherr, er war groß, hatte blaue Augen, eine lange Nase und blondes Haar. Die ihn sahen, meinten, er sei ein Russe. Der Lehrer bohrt weiter, seine Stimme ist ganz sanft, als er fragt: Was war denn das Besondere an ihm? Die Antwort kommt schnell. Er hatte verrückte Ideen, wollte immer alles verändern! Er störte damit die Leute! Er schweigt. Vielleicht überlegt er, daß stören manchmal auch weiterbringen kann. Im Falle Schand zum Beispiel, denn nachdenklich beginnt der alte Dsachtschin zu erzählen, daß Schand durch seine überaus geschickten Hände berühmt geworden ist. Wenig gab es zu kaufen, die chinesischen Händler kamen immer seltener, und wer etwas nötig hatte, mußte es eben selbst zustande bringen. Der Schand zum Beispiel machte sich Schuhe. Doch keine Bastschuhe, wie sie die Dsachtschin im Sommer trugen, sondern richtige Lederschuhe, bequeme Stiefel aus Ziegenleder, sogar mit Absätzen. Natürlich waren es besonders schöne Stiefel, Fersenleder und Stiefelschäfte zierten kleine Silberornamente, die beim Laufen in der Sonne aufblitzten. Wenn er Zeit hatte, schafften seine Hände Dinge, die seine Umwelt schön machten. Selbst die langstielige Pfeife hatte Silberbeschläge erhalten.

Der Lehrer lehnt sich zurück, während der Hausherr immer mehr ins Erzählen kommt. Waren seine Worte am Anfang abweisend, so klingt doch bald auch Bewunderung hindurch. Er beschreibt die Jurte des Sonderlings. Sie stand auf dem Scheitelpunkt eines Hügels. An besonderen Tagen steckte neben der Tür eine Stange mit einem roten Fähnchen. Der Innenraum war rundherum mit den verschiedensten Dingen kunstvoll ausgestaltet, in geordneter Folge lagen alte und neue Bücher, Zeitungen und einzelne Seiten aus bunten Illustrierten. Das merkwürdigste aber war die rote Ecke: ein Leninbild vor einer roten Fahne.

Woher stammte er eigentlich, der Blondhaarige? Man erzählt, daß vor Jahren ein russischer Reisender durch die Wüste Gobi gekommen war und sich dort in ein mongolisches Mädchen verliebt hatte. Sie gebar ihm einen Sohn. Das war Schands Urgroßvater. Sein ganzes Leben verbrachte er in der Gobi, auch der Großvater blieb dort, und erst der Vater zog mit seiner jungen Frau und der Herde zum Stamm der Dsachtschin, wo Schand geboren wurde. Schon früh interessierte ihn alles, was das Leben leichter machte. Durchreisende fragte er aus und las die spärlichen Zeitungen mehrmals. Er begriff, daß nur der Mensch selbst seine Lebensbedingungen verbessern konnte.

Der Grüne Schand, wie ihn die Dsachtschin nannten, bekam seinen Namen, als er Grünes anzubauen begann. Mit Ausdauer düngte und bewässerte er den kargen Boden, und neben Kohl erntete er eines Tages auch Getreide. So etwas gab es bisher noch nicht.

Bald staunten seine Nachbarn aufs neue. Zu jener Zeit besaß nicht eine einzige Familie einen Ofen. Auf ebener Erde brannte in der Jurtenmitte das Feuer, ein mit vier Füßen versehener Eisenreifen wurde in die Glut gestellt und der schüsselähnliche Topf in die Reifen eingesetzt. Der Grüne Schand trennte sich von diesem Eisengestell. Aus Eisenblech nietete er sich einen Ofen samt Ofenrohr. Dieses Werk fand Beifall. In vielen Jurten wurde das Eisengestell herausgenommen und ein Ofen hineingesetzt. Mit Achtung und Mißtrauen beobachteten die Dsachtschin, was wohl der Grüne Schand als nächstes einführen werde.

Die Zeit änderte sich und auch sein Name. Die Volksrevolution hatte gesiegt. Für Schand war es wie ein persönlicher Sieg, er steckte an seine Mütze ein Leninbild. Fortan nannten ihn die Leute Roter Schand.

Durch die neue Volksregierung hatten viele Araten ihre eigenen Herden erhalten und standen nicht mehr unter der Herrschaft der Fürsten. Es gab aber eine neue Sorge. Aus dem Kasachischen kamen bewaffnete Viehdiebe. Sie zogen umher und trieben das Vieh der Einzelwirtschaften weg. Viele Araten wurden ruiniert. Auch die Dsachtschin waren bedroht. Mit ausgeplünderten Familien kam die Nachricht, daß sich über hundert Viehdiebe ihren Weideplätzen näherten. Was tun?

Schand fühlte sich als Revolutionär, er mußte handeln. Die Richtung, aus der die Diebe kommen sollten, markierte er mit kleinen roten Fähnchen. Dann nahm er sein Gewehr und versteckte sich im Schilfrohr, daß sich im Tal dahinzog. Als die Diebe angeritten kamen, schoß er einmal hier und einmal dort eine Kugel ab. Die Diebe stutzten. Als sie die Fähnchen bemerkten, waren sie überzeugt, daß ihnen eine große Abteilung Soldaten auflauerte. Kopfüber machten sie kehrt und entflohen. Der Rote Schand wurde als Held gefeiert. Alle mochten ihn jetzt gern, den lustigen Mann mit dem klugen Kopf, der genau wußte, das sie sich zusammenschließen mußten, wenn sie stark sein wollten. Aber solchen Ideen widersetzten sich die Dsachtschin.

Schaut in das russische Land, schimpfte er, dort machen sie es auch! Warum nicht gemeinsam wirtschaften, damit es leichter wird: Der Kommunismus kommt von vorn, wir aber kommen von hinten. Irgendwann müssen wir uns treffen!

Mit diesen Worten bricht der Hausherr seine Geschichte ab und schiebt den Topf mit gelbem Rahm heran, damit wir davon essen. Er hat plötzlich keine Lust mehr weiterzuerzählen. Da ist nichts zu machen, er ist eben ein echter Dsachtschin!

Auf der Heimreise überrascht uns der Lehrer mit der Erklärung, er gehöre auch zu diesem Stamm. Wir schauen ihn ungläubig an. Er bestätigt, daß die Dsachtschin früher als starrköpfig galten. Denn ziemlich als letzte im Land taten sie sich zu einer landwirtschaftlichen Vereinigung zusammen. Und er schließt die Geschichte vom Schand ab, indem er sagt: Heute, wenn die Dsachtschin mit Selbstverständlichkeit neue Pläne erarbeiten und die alten mit Erfolg abrechnen, wenn sie sich im eigenen Klub treffen und sich ihrer Starrköpfigkeit erinnern, dann sprechen sie auch vom Grünen oder Roten Schand, als sei er noch unter ihnen. Auch das Liedchen, das sie ihm zu Ehren erfunden haben, singen sie wie unser Fahrer manchmal:

Steppen-Schand heißt er,
sucht Getreide wie ein Kranich,
Erde-Schand heißt er,
aus einem einzigen Stein macht er ein Denkmal,
Berg-Schand heißt er,
er ist der Schatten der wachsenden Bäume …

Reif liegt auf den Dächern der Stadt. Im Herbst ist es wie im Frühling; ich weiß nicht, ist es noch Sommer oder schon Winter? Am Mittag hänge ich den Mantel über den Arm, doch sobald die Sonne weggeht, steht der Atem weiß in der Luft, und schnell ziehe ich die Mütze über die Ohren.

Aus Berlin ist ein Grafiker gekommen. Briefe von Freunden hat er mitgebracht, und plötzlich beginnen meine Gedanken inniger als sonst um die Vertrauten zu kreisen: Sie fragen, wann ich endlich zurückkomme. Das macht mich froh, und zum ersten Male, seit ich hier bin, denke ich an Rosenkohl und an den Duft des Glühweins im Winter. Dergleichen hatte ich nicht vermißt, weil ich dem Essen noch nie viel Aufmerksamkeit gewidmet habe. Außerdem fühle ich mich mit einem leeren Magen wohler als mit einem vollen, und ein bißchen hungern macht mich aktiver.

Der Grafiker ist auf dem Weg zu einem mongolischen Maler. Vor vier Jahren hat er ihn kennengelernt, als Künstler der DDR auf der Basis einer Künstler-Austausch-Vereinbarung zwei Wochen in der Gobi weilten. Ich durfte mich damals für einige Tage anschließen.

Weil sich der mongolische Maler und unser Grafiker besonders gut verstanden, lud der Gobikünstler seinen ausländischen Kollegen ein, ihn einmal privat zu besuchen. Diese Einladung ist zwar schon ein paar Jahre alt, aber dem Grafiker ist es erst jetzt gelungen, zu reisen. Weil auch ich den Gobimaler gern wiedersehen würde, biete ich mich als Begleiterin an. Mein Angebot gefällt dem Grafiker. Er versteht kein mongolisches Wort, und zu zweit ist so eine Fahrt ins Ungewisse vielleicht leichter.

Gleich in Dalandsadgad, dem Bezirkszentrum der Südgobi, gibt es Schwierigkeiten. Unser mongolischer Freund, Herr Dawaa, ist nicht da. Die Hotelfrau verweigert uns ein Nachtlager: Wir haben keinen Reiseauftrag! Ein Mitarbeiter der Künstlerabteilung bringt uns zum Kulturfunktionär des Bezirkes, der im Kulturhaus der Probe einer Theatergruppe zuschaut. Doch weil wir keine offiziellen Gäste sind, hat er keine Zeit für uns. Da stehen wir, hilflos und verlassen. Kein Flüßchen, an dessen Ufer wir die Nacht verbringen, kein Wäldchen, in dem wir den Morgen erwarten könnten, nur staubige, schattenlose Ebene. Morgen also werden wir traurig in die Hauptstadt zurückfahren.

Mit der Dämmerung kommt eine Freudenbotschaft. Der Maler ist vom Land zurückgekommen und auf dem Weg zu uns. Bei unserem unerwartetem Zusammentreffen steigen ihm Freudentränen in die Augen. Er ist gerade zum dreizehnten Male Vater geworden. Zuerst will er uns die neugeborenen Zwillinge zeigen, sofort, auf der Stelle. Bis zum Krankenhaus ist es nicht weit. Er bittet uns, vor dem Tor zu warten, Fremden ist der Zutritt verwehrt. Bald kommt er über den Hof gelaufen, in jedem Arm ein Bündel. Zwei Knäblein sind es. Wer von ihnen der Erstgeborene ist, will ich wissen. Er versteht meine Frage und schüttelt den Kopf; die Familie hat beschlossen, beide Kinder gleichzusetzen. In der Mongolei ist es üblich, daß jeder Mensch den Älteren mit Sie anspricht, den Jüngeren jedoch mit Du. Das gilt im öffentlichen Leben genauso wie in der Familie, selbst unter Kindern richtet sich die Anrede nach der Altershierarchie. Es klingt merkwürdig in unseren Ohren, wenn die sechsjährige Schwester den achtjährigen Bruder mit Sie anspricht oder eine Ehefrau ihren nur wenig älteren Mann. So ist aber der Brauch. Deshalb hat die Familie des Malers Dawaa entschieden, daß ihre Zwillinge du zueinander sagen, daß es keinen älteren und keinen jüngeren Zwilling geben soll.

Weil die Mutter noch im Krankenhaus liegt, hat der Vater Urlaub genommen. Er kümmert sich um die Wirtschaft und versorgt die Kinder, ist zu Verwandten in die Steppe gefahren und hat einen halben Hammel mit nach Hause gebracht. Seine beiden erwachsenen Töchter haben den Platz der Mutter eingenommen und ermöglichen jetzt dem Vater, sich seinen Gästen zu widmen.

Noch am selben Abend geht er zum Bezirksbürgermeister, denn er weiß, in Grenzgebieten sind Ausländer ohne besonderen Auftrag nicht erwünscht. Mit ihm bespricht er die Situation. Doch der hat Verständnis für die Freunde seines Malers. Ihm zuliebe erlaubt er uns einen Aufenthalt für zwanzig Tage in der Südgobi, dem Grenzbezirk nach China.

In den Wüstensteppen sind noch die letzten warmen Nächte. Der Maler Dawaa sehnt sich nach ein paar ruhi-

Der Sandsturm

gen Tagen, um nach der Hektik der letzten Zeit neue Kraft zu schöpfen. Er schlägt vor, gemeinsam den Reiz der herbstlichen Wüste zu erleben und zu malen. Tatsächlich bringt er es fertig, einen Jeep, einen großen Trinkwasserkanister und einen Kochkessel aufzutreiben. Wir überprüfen unsere Finanzen, ob sie wohl für die Automiete ausreichen. Außer der Genehmigung, tausend Kilometer zu fahren, haben wir noch einen Berechtigungsschein in der Tasche, unterwegs aus einer genossenschaftlichen Herde eine lebende Ziege als Proviant zu kaufen.

Wir haben selbstverständlich nicht das modernste Auto aus der Autostation erhalten. Es läuft sich zu schnell heiß, das Kühlwasser schießt aus seinem Behälter. Also anhalten und abkühlen lassen, und das alle zwanzig Kilometer! Wenn die Sandverwehungen zu hoch werden, müssen wir aussteigen und das Auto hindurchschieben. Dann will der Motor nicht mehr anspringen. Wenn alle Bemühungen erfolglos bleiben, heißt es warten. Warten, bis ein anderes Fahrzeug die Piste entlangkommt und uns abschleppt. Das kann Stunden oder Tage dauern, je nachdem. Gestern saßen wir sechs Stunden fest. Am Horizont zog eine Karawane entlang. Wie Schiffbrüchige standen wir auf dem Jeepdach, hatten unsere Jacken ausgezogen und winkten damit. Doch die Karawane bemerkte uns nicht. Das Warten ist nicht das schlimmste. Wer durch die Gobi reist, muß Zeit einplanen. Aber das Trinkwasser kann zum Problem werden, wenn die mitgeführte Menge aufgebraucht und kein Brunnen in der Nähe ist.

Woran liegt es nur, daß Ausländer, wenn sie in der

Mongolei nach Reisewünschen gefragt werden, ausgerechnet die Wüste Gobi sehen möchten? Liegt es am Wort Wüste, das Bilder vom ewig blauen Himmel assoziiert, unter dem sich goldgelbe Sanddünen in sanfter Wellung bis hin zum Horizont erstrecken? Derartige Erwartungen werden enttäuscht. Die Gobi ist keine Sandwüste. Sie ist steinig, mit vereinzelten Sandfeldern und Wanderdünen und mit anspruchslosem, niedrigem Gestrüpp. Flach und trostlos dehnt sie sich im Osten wie ein verblichenes Tuch, im Westen hingegen erheben sich kahle Gebirgszüge mit zwischengeschobenen Tälern, in denen die Herden ihre Nahrung suchen. Der Fremde gerät ins Staunen, wenn er tiefeingeschnittene, tote Trockenbetten eiszeitlicher Ströme bemerkt oder wenn er plötzlich eine versteinerte Muschel findet, Zeuge aus einer Zeit, in der die Wüste noch tropisches Klima und reiche Vegetation hatte.

Die Sonne dörrt die Haut aus und versengt die spärlichen Weideplätze. Die grausam kalten Winter mit Frösten bis minus fünfzig Grad frieren flache Brunnen samt dem sie speisenden Grundwasserstrom zu, trotz der Sonne, deren grelles Licht die Augen entzündet. Deshalb sind die Wüstengebiete äußerst dünn besiedelt. Doch das ändert sich. Seit den letzten Jahrzehnten überzieht ein Netz von Tiefbrunnen die Wüstensteppen, an mancher Süßwasserquelle ist ein Gemüsefeld oder eine Melonenplantage angelegt. Neue und saubere Somonzentren entstehen. Auch wenn sie weit, sehr weit sogar auseinanderliegen, so haben sie doch Funk und Telefonverbindung zum Bezirkszentrum, haben eine Elektrostation, eine Schule, Kaufhalle, Bibliothek und eine

Arztstation. Und ein Übernachtungshaus für Gäste. Schon aus der Ferne leuchten die niedrigen weißen Steinhäuschen mit den grüngestrichenen Blechdächern, vor denen mit viel Geduld ein paar junge Ulmen oder Pappeln gewässert und vor den gefräßigen Ziegen geschützt werden. Noch ein paar Jahrzehnte, und in der Gobi wachsen vielleicht die ersten künstlich angelegten Wälder.

Der mongolische Jugendverband hat die Gebiete der Gobi zur «Zone seiner besonderen Aufmerksamkeit» erklärt. Mit einem Verbandsauftrag sind allein 1983 über eintausendzweihundert Jugendliche in den Süden gegangen. Sie haben Patenschaften über Objekte der Landwirtschaft und des Bauwesens übernommen und dadurch ein neues Zuhause gefunden. Aus der Zeitung habe ich zwei Fotos ausgeschnitten. Auf dem einen ist eine Gruppe junger Leute versammelt; es sind zehn Brautpaare. Das andere Foto zeigt zehn Jurten, die schnurgerade nebeneinander stehen. Ringsum kein Baum, kein Strauch, nur einsames, weites Land. Diese Paare haben zur gleichen Zeit geheiratet, sich zu einer Brigade zusammengeschlossen und sind in die Gobi gezogen. Hier wollen sie versuchen, miteinander zu leben und gemeinsam Vieh zu züchten. Bald wird erstes Kinderlachen ertönen, eine Dieselstation wird Strom liefern, und der Gobi ist wieder ein Stück zum Leben abgerungen.

Die Landschaft ist graugelb, die Herbstsonne blendet, doch wärmt sie noch das Gestein. Wir arbeiten jeden Tag. Die Strukturen der Felsen, die Windrippeln auf den Sanddünen, die Wellenlinien der Ebenen und bizarre

Tierskelette füllen meine Skizzenblätter. In hochgelegenen Senken, die die Sonne noch mit Wärme ausgefüllt hat, verbringen wir die Nächte. Wenn der Tee getrunken und das Feuer sorgfältig gelöscht ist, legen wir uns unter freiem Himmel zum Schlafen nieder. Das ist das Wunderbare an der Gobi. Nur Weite, Finsternis und Stille. Manchmal reibt der Wind die winzigen Steinchen aneinander, und ein feiner, mittelhoher Ton schwingt durch die Nacht: Die Gobi singt. Ein unbeschreiblicher Frieden liegt über dieser ausgetrockneten Erde. Menschenaugen starren staunend hinauf in die glitzernde Unendlichkeit. All die kleinen Ängste sind verschwunden, es zählt nur das Jetzt, die körperliche Berührung mit dem harten Boden und der Anblick des Kosmos. Auch mit geschlossenen Augen ist die unfaßbare Weite gegenwärtig.

Sollten die Lamas recht haben, daß der Mensch wiedergeboren wird, so lebte ich in meinem vergangenen Leben auf diesem Flecken Erde. Seit ich die ersten Schritte auf mongolischem Boden tat, bin ich diesem Land verfallen, seiner Weite, seiner Stille, in der ich Poesie und Ruhe finde. Der Verzicht auf gewohnte Bequemlichkeit fällt leicht, wie vieles, das man freiwilig tut. Doch der Gewinn ist beträchtlich, ein Gewinn freilich, der nicht abrechenbar ist. Nur einen Teil davon kann ich vorzeigen, das sind meine Bilder. Sie sind nicht groß, den beschwerlichen Reisen gemäß verwahre ich sie in einem kleinen Blechkasten, der stabil genug ist, den frischen Ölfarbenauftrag vor Beschädigung zu schützen.

Heute hat der Maler Dawaa seinen Aquarellblock unter den Arm genommen und geht auf Motivsuche. Der Grafiker baut seinen Arbeitsplatz gleich in unserem Lager auf. Er hat Spaß an den Töpfen, Säckchen und Steppdecken, die um das erloschene Feuer herumliegen, an den blankgenagten Ziegenknochen, dem Wasserkanister. Das ist ein Stilleben eigener Art, davon möchte er Tuschzeichnungen machen. Ich nehme meinen blechernen Malkasten, in dem auch die Ölfarben stecken, und wandere hinüber zu einer Felswand. Ein breiter Spalt, der die Wand in zwei Hälften teilt, ist wie ein Tor. Vor diesem Tor liegen einige Granitbrocken, dann führt ein schmaler Gang in den Berg. Erfrischende Kühle weht heraus, von leisem Rauschen begleitet. Ich steige zwischen die Felswände hinein in den ewigen Schatten. Aus halbhoher Seitenwand bricht plätschernd Quellwasser hervor, wie Silber schimmernd, und rinnt den abschüssigen Gang hinunter. Ich eile ihm nach, springe dabei von Stein zu Stein, bis die Schlucht zu Ende ist. Jetzt bin ich im Paradies.

Vor mir öffnet sich eine andere Schlucht. Sie ist breiter, ihre senkrecht aufragenden Wände bestehen aus dichten Felsrippen, einige sind schon herausgebrochen und liegen wie in Scheiben geschnittene Baumstämme auf dem Geröll. Das Licht ist mild, die Schatten sanft. Diese merkwürdige Farbigkeit! Daß es so viele Grautöne gibt! Und diese Luft, wie Ozon, sie prickelt auf der Haut. Die ganze Schlucht wirkt wie ein Dom, nach obenhin geöffnet. Gesänge – was wäre, wenn Gesänge erklingen, die sich an den unzähligen Felsrippen brechen und deren Echo den Raum wie mit Brausen erfüllen würde? Ob Entsetzen oder Verzückung – beides führte mich in die Schwerelosigkeit des gnädigen Wahnsinns. Aber es ist totenstill. Ich halte den Atem an. Hier könnte ein Weiser begraben sein.

Ich suche mit den Augen den Boden ab, ob Knochenreste zu sehen sind, denn früher war es üblich, die Verstorbenen offen hinzulegen. In einem toten Körper konnten Ungeheuer Wohnung nehmen, deshalb mußte er schnell beseitigt werden. In weiße Tücher gehüllt, legte man ihn offen aus, wo Wölfe für ein rasches Verschwinden der sterblichen Überreste sorgten. Könnte hier so ein Ort gewesen sein? So abgeschieden von allem Lebenden, nur aus totem Gestein mit einem Stück Himmel? Wie komme ich nur auf solche Gedanken? Nicht an den Tod, an das Heute, an das Jetzt will ich denken.

Was war das? Langsam wende ich meinen Kopf. Lautlos sind sie herabgestiegen, schauen mich an und trinken dann von dem Quellwasser, das zwischen den Steinen wieder in den Berg hineinsickert: drei Gemsen, eine Mutter mit zwei Jungtieren. Ich bewege mich nicht, hier sind sie die Hausherren.

Als ich wieder allein bin, setze ich mich auf einen Stein in das ausgewaschene Flußbett, welches die Sohle der Schlucht bildet. Gewitterregen werden sich hier sammeln und die vielen bunten Steine herumrollen, die den Sandgrund bedecken. Zaghaft ziehe ich die ersten Pinselstriche auf der Malmappe. Ich lasse sie von unten hinaufwachsen, die versteinerten Baumstämme, mache aus ihnen eine undurchdringliche Festungsmauer. Des Himmels Blau ist so weit weg, nur die obersten Spitzen der Felsen reflektieren sein Licht. Die seltsame Stimmung in diesem Riesentrog inmitten eines Berges will ich wie einen grauen, leicht vibrierenden Gesang darstellen, will eine Sinfonie aus Grautönen schaffen. Das Blau des fernen Himmels spiegelt sich in den Wassertiegeln, die auf dem dunklen Grund des Raumes entstehen und verschwinden und an glitzernde Juwelen erinnern. Sie geben der Bildkomposition die Spannung, die im Kontrast zwischen den strengen statischen Linien der Felsen und den kleinen dynamischen Punkten liegt.

Ich schaue auf die Uhr. Über fünf Stunden bin ich schon hier! Noch eine Stunde bleibt mir, dann muß ich zurück. Pünktlichkeit gehört zu unserer Reiseregel. Wer sich von der Gruppe entfernt, muß die Richtung angeben, in die er geht, und den Zeitpunkt seiner Rückkehr. Ist der Wanderer nicht pünktlich zurück, gehen die anderen, ihn zu suchen. Dabei haben wir nicht an ein Wolfsrudel oder an Steinschlag gedacht, schon durch unachtsames Laufen über Geröll kann man sich den Fuß brechen oder auf eine Giftschlange treten. Wie lange müßte ein Verunglückter sonst warten, bis er gefunden würde?

Für eine Bleistiftzeichnung habe ich noch Zeit. Ein kleines Stück hinaufklettern und von dort die Strukturen der Felsreihung zeichnen mit dem Blick auf das Ende der Schlucht, das ist kein Risiko. Mein Ölbild trage ich vorsichtig hinauf auf einen Vorsprung, setze mich daneben und zeichne das fremde Paradies. Ach, meine Freunde zu Hause, wenn ihr das doch sehen könntet, ihr würdet meine Begeisterung verstehen! Die Arme ausbreitend, wünsche ich, daß sich dieser Anblick für immer in mein Herz gräbt. Dabei stoße ich an das Ölbild. Es fällt vom Stein und rutscht hinunter in die Talsohle.

Dazu, wie es in solchen Fällen meist ist, mit der bemalten Seite nach unten. Das habe ich nun davon. Alles ist umsonst gewesen. Begeisterung, schön! Aber mußte ich auch noch die Arme hochreißen? Auf der Malmappe ist kaum noch etwas zu erkennen, alles ist verwischt. Ich begrabe sie unter einem Stein. Zur Erinnerung an diesen Ort sammle ich ein paar schöne Steine auf, einen Rosenquarz, einen handtellergroßen Rauchtopas und einen halbierten Achat mit einer wunderschönen Druse darin. Diese Steine werde ich an anderer Stelle in die Gobi legen, damit die Sonne auf sie fällt und sie wie Blumen zum Leuchten bringt.

Abends weise ich als Tagesleistung eine magere Bleistiftzeichnung vor, Dawaa legt vier große Aquarelle aus, und unser Grafiker zeigt einen ganzen Stapel Skizzen. Von meinem Pech in der Schlucht erzähle ich, dabei schüttele ich die Steine aus der Hosentasche. Auf Dawaa machen sie keinen großen Eindruck. Jetzt breitet er seine Arme aus: So große Edelsteine wurden schon in der Gobi gefunden. Sie sind im Museum. Und er nennt mir den Namen des Ortes, an dem ich heute war: Schlucht zum schönen Mond. Hatte ich nicht gespürt, daß sie etwas Außerirdisches an sich hat?

Doch jetzt sind sehr reale Arbeiten zu verrichten. Holz hacken, das hinten am Jeep angeschnürt ist, weil wir kaum Argal finden. Die Nächte sind kalt. Ich wundere mich aber, daß ich nicht so friere wie in den Bergen. Manchmal steht einer von uns im Morgengrauen auf und zündet einige Stücke Argal an, der schwelend brennt und etwas Wärme spendet. Wir schlafen unruhig und liegen wach im grauen Morgen, auf die ersten Sonnenstrahlen wartend. Bald wird der Himmel rosafarben und färbt die Steine, den Sand und uns, die ruhenden Menschen. Der beginnende Tag übernimmt von der Nacht das Schweigen. Kein Vogellied, kein Schnarren der Heuschrecke, nichts. Nur – wie in diesem Moment – das leise Geklirr der Steine, wenn scheue Tiere darüberlaufen. Vorsichtig wende ich meinen Kopf in die Richtung, aus der das Geräusch kommt. Antilopen und Gazellen sind keine Seltenheit, wir sahen sie schon in stattlichen Rudeln. Aber jetzt halte ich den Atem an: ganz nah sind sie herangekommen, die seltenen Kulane. Das sind Wildesel, größer als gezüchtete und schneller. Dank ihrer Schnelligkeit brauchen sie, außer den Menschen, keinen Feind zu fürchten. Der Glaube, mit dem Fleisch des Tieres auch dessen Kraft, Ausdauer und Kühnheit in sich aufzunehmen, hat im Menschen den Wunsch geweckt, recht viel davon zu besitzen. Das hat zu einer starken Verringerung der Kulane geführt. Heute stehen sie unter strengem Tierschutz. Theoretisch. Wer kann schon Klage führen gegen einen Wilderer in menschenleeren Gebieten, wenn ihn keiner ertappt?

Endlich haben wir gelernt, unsere Lebensmittel nicht herumliegen zu lassen. Einmal ist das Frischfleisch verschwunden, ein andermal das Dörrfleisch, dann der Trockenkäse. Am Tag belauern die Steppenadler unsere Kochstelle und stehlen, was sie im Sturzflug ergreifen können, bei Nacht durchsuchen Igel mit Hundeohren unsere Töpfe und Taschen. Am Ufer des Orog-Sees, im grauen Schlamm mit dem leichten Geruch nach Schwefel, leben unzählige Frösche. Deshalb gibt es hier sehr viele Ohrenigel. Buchstäblich in Scharen kommen sie in der Dämmerung, schieben ihre Nasen sogar unter den Schlafsack, um zu prüfen, ob etwas Genießbares darunter verborgen ist. Daß dabei eine Igelnase in ein Menschengesicht gerät, muß hingenommen werden.

Mit dem Waschen nehmen wir es nicht so genau, dazu ist das Wasser viel zu kostbar. Es wird zugeteilt. Jeder erhält morgens eine halbe Tasse voll, und der mongolische Maler lehrt uns, damit auszukommen. Zuerst werden ein paar Tropfen auf die Handflächen gegossen, damit die Seife schäumt und die Handflächen sauber werden. Danach nimmt man einen großen Schluck Wasser in den Mund, spuckt es in die hohlen Hände und wäscht sich damit das Gesicht. Der Rest reicht gerade noch aus, um die Zähne zu putzen.

Das ist die letzte Nacht, in der wir im Freien schlafen. Nun wird es zu kalt. Am Morgen weckt uns ein seltsames Tosen. Im Schutze unserer Felswand erleben wir, wie ein schwerer Sandsturm eine dichte Sandwolke nur wenige Kilometer von uns vorbeiwälzt, so daß sie die Sonne verdunkelt. Als sich nach einer knappen Stunde der Sturm gelegt und der Sand sich gesetzt hat, liegt unser Weg zum Tiefbrunnen unter Sanddünen verschüttet, die vielleicht acht oder mehr Meter hoch sind. Eine breite Schlucht, die das Bergmassiv nach Süden hin wie mit einem Tor öffnet, läßt die gefährlichen Stürme aus dem unbelebten, trostlosen Teil der Wüste hindurchdringen. Wir befürchten, daß der Sand auch den Brunnen zugedeckt hat, deshalb ziehen wir es vor, zurückzufahren. Das bißchen Wasser, das im Kanister ist, wird dafür gerade noch ausreichen.

Saksaul-Bäume

Einen halben Tag schließen wir uns einer Kamelkarawane an. Die Tiere sind hochbeladen. Diese Familie hat ihre Sommerweide verlassen und ist auf dem Weg zum Überwinterungsplatz. Nun beginnt allmählich die härteste Zeit im Nomadenalltag. Immer mit etwas Wind im Rücken, frierend und mit Sand überzogen, fahren wir auf dem kürzesten Weg zurück. Nachts nehmen uns freundliche Nomaden auf. Das ist die Wärme in diesen kalten Tagen: die Gastlichkeit und die Freude, dem Fremden das Beste vom Vorhandenen zu geben, Anteil am beschwerlichen Reisen zu nehmen und ihn mit vielen guten Wünschen zu verabschieden.

Es ist Abend geworden. Das letzte Mal stehe ich müde in der Tür, den Staub der Wanderung von den Schuhen streifend. Auf dem Pförtnerstuhl sitzt eine Fremde. Sie händigt mir den Zimmerschlüssel aus, bemerkt den Staub und meine Müdigkeit und sagt, daß es schon einige Tage kein Wasser gibt, keine Heizung, daß die Handwerker da sind. Was sein muß, muß sein. Aber die Toiletten sind auch gesperrt.

Das ist ein kühler Empfang. Wo sind die vertrauten Menschen, die mich sonst an der Haustür begrüßten? Ich frage nach der Pförtnerin, der ich meinen Wattedeel verdanke und die mir mit nützlichen Hinweisen half. Sie ist nicht mehr da, sie erwartet ein Kind, höre ich. Ein Kind? Eine Frau in mittleren Jahren? Das habe ich gar nicht bemerkt. Auch mein alter Nachtpförtner kommt nicht. Ich erkundige mich nach ihm. Ganz plötzlich, während meiner Abwesenheit, hat er sein Augenlicht verloren, ist hinfällig geworden und liegt nun fest danieder, irgendwo in der Jurte seines Ältesten. Es gehe mit ihm zu Ende ...

Wie mich das bedrückt! Daß er vor mir das Wohnheim verlassen könnte, ist mir nie in den Sinn gekommen. Jetzt, wo ein neuer Winter kommt, wo ich nach Hause zurückkehren muß, wollten wir beide meine Abreise fröhlich feiern. Nun werde ich ihn nicht mehr wiedersehen. Das ist mein erster Abschied.

Vor dem Fenster tanzen zaghaft ein paar Schneeflokken. Mir ist kalt. Glücklicherweise müssen eine Menge Dinge erledigt werden, wenn man ein fremdes Land wieder verläßt, da bleibt keine Zeit zum Traurigsein. Im ganzen Zimmer verteile ich meine Ölbilder. Ein Vertreter des mongolischen Künstlerverbandes will kommen und sie ansehen. Ich brauche eine schriftliche Erlaubnis, um sie mit über die Grenze zu nehmen. Das gilt auch für die Bücher, die ich geschenkt bekommen oder im Buchladen gekauft habe. Dabei hilft mir ein Dozent von der Universität. Er legt die Bücherliste seinem Professor vor, der die Titel auf etwaige Ausfuhrverbote hin überprüft. Doch der gelehrte Mann hat nichts einzuwenden. Mit beiden Listen melde ich mich beim Zollamt, auch dort wird alles genehmigt. Nun bleibt nur noch die Zollkontrolle auf dem Flughafen. Da wird jedes Bild, jedes Buch genau abgehakt, erst dann darf alles passieren.

Endlich gehen die Handwerker aus dem Haus, mein Zimmer wird warm, und von der Toilettentür verschwindet das Vorhängeschloß. Aus den Wasserhähnen fließt heißes und kaltes Wasser – welch ein Komfort!

Ein paar Kleinigkeiten als Wegzehrung will ich kaufen, dazu ein paar Mitbringsel für meine Freunde daheim. Als ich im großen Warenhaus die Lebensmittelabteilung betrete, stutze ich. Wenn ich mich an das Angebot zur Zeit meiner Einreise erinnere, so bemerke ich erfreut, daß es inzwischen reicher geworden ist.

Eier, Butter, Milch, Marmelade, ein paar Fischkonserven, große Stücke Fleisch – was will ich mehr? Das gefüllte Einkaufsnetz schlenkernd, laufe ich bald durch die Straßen hinüber zum Gandan-Kloster. Der Lama, der mir oft Geschichten erzählte, steht im Hof, als hätten wir uns verabredet. Oh, Pischer guai! Wie schön, daß Sie kommen! Ich will Ihnen etwas Erfreuliches erzählen! ruft er mir zu. Wozu hatte ich nur mit ihm die Aussprache des «F» geübt? Er holt tief Atem. Nach dem Winter komme ich Sie in Berlin besuchen, sagt er, ich fahre mit unserem Reisebüro in die DDR! Es ist schon bestätigt. Triumphierend schaut er mich an. Ich freue mich mit ihm, und wir schütteln uns die Hände. Schreiben Sie rechtzeitig, bitte ich, denn ich möchte Sie in meiner Heimat vom Flughafen abholen.

Auf Umwegen spaziere ich zurück, letzte Bilder von der Stadt in meinem Kopf sammelnd. Die Baukräne sind noch weiter hinaus zum Stadtrand gerückt. Das neunte Wohnviertel entsteht, bis zum Jahre 2000 sollen es einundzwanzig werden. Vor den jünsten Neubaublöcken stehen die künftigen Bewohner. Sie ziehen von Lastkraftwagen und Pferdefuhrwerken Möbel und Kisten herunter und tragen sie in die Häuser. Ihre Kinder spielen schon im neuen Kindergarten nebenan. Die Stadt, so scheint mir, verändert ihr Gesicht täglich. Wie wird sie aussehen, wenn ich einmal wiederkomme?

Es ist spät geworden. Die Sonne will hinter die Hügel zurückkehren. Ich besuche Wera, eine Russin, die mit ihrem Mann für zwei Jahre in Ulan-Bator arbeitet. Als sie anreisten, wohnten sie ein paar Tage im Nebenzimmer, bis sie eine Wohnung im Stadtzentrum beziehen konnten. Wera erinnerte sich an einige deutsche Wörter, die sie gelernt hatte, als sie als Frau eines sowjetischen Offiziers mit der Roten Armee 1945 nach Deutschland kam. Hier im Wohnheim kochte sie jeden Tag Fischsuppe und stellte eine kleine Kostprobe vor meine Tür. Später habe ich sie einmal in der neuen Wohnung besucht, ihr Zwiebelbeet auf dem Balkon bewundert und die Fotos ihrer Kinder angesehen. Zu Wera zu gehen ist einer der wenigen Abschiedsbesuche, die ich zu machen habe, es fällt mir schwer. Ich lasse ein Stückchen Traurigkeit zurück, und die Versicherung, häufig zu schreiben, ist kein Trost. Wera packt mir ein Stückchen russischer Hefe ein für den Abschiedskuchen im Wohnheim. Eine alte elektrische Backform habe ich mir von zu Hause mitgebracht, und sie war mir sehr nützlich. Kuchen habe ich gebacken, die zwar eher süßen Broten glichen, weil zu viele Zutaten fehlten, aber ihr Duft ist durch den ganzen Flur gezogen, und die Verkostung fand gleich an Ort und Stelle statt. Die Mongolen backen keine Kuchen, ihr Jurtenofen erlaubt nur, Teigstücke in siedendem Fett zu kochen, ähnlich unseren Pfannkuchen. In den letzten Jahren hat die Brotfabrik der Hauptstadt eine Konditorei-Abteilung aufgebaut, und das kleine Geschäft im Zentrum hat viele Kunden.

Der Abschiedskuchen ist verteilt, alle sind zufrieden. Meinen bescheidenen Hausrat holen sich die Mädchen. Studenten können vieles gebrauchen, auch meine Eßstäbchen und die Pantoffeln. Aber von der Backform, nein, da trenne ich mich nicht. Darin hat schon meine Freundin ihre Kuchen gebacken und davor ihre Mutter.

Deshalb muß sie wieder mit zurück, denn jetzt werden die Töchter ihre Künste ausprobieren.

Die Töchter, ach ja! Bis zum Abflug bleiben noch zwei Stunden Zeit. Sie reichen gut aus, um die Straße hinaufzueilen in die Geburtenklinik. Dort wird die freundliche Frau, die im Studentenheim den Pförtnerdienst versah, ihr sechstes Kind zur Welt bringen. Als ich hinkomme und ihr durch den Türspalt zuwinken darf, ruft sie mir zu, daß die fünf großen Söhne heute nacht noch ein Schwesterchen bekommen haben. Es heißt Munkdshargal – Ewiges Glück.

Glück! Sie soll es haben, ihre Brüder, ihre Eltern, ihre Stadt und ihr Land!

Wenn ich bald aus Berlin meine Briefe in die Ferne zu den Menschen in die Stadt und in die Steppen schicke und frage: Sain baizgaana uu? Geht es Ihnen gut? So werden sie erwidern: Gut, es geht uns allen gut! Wann werden wir wieder zusammen Tee trinken?

ISBN 3-371-00018-4

Lizenznummer: 48-48/6/86
LSV 7002
Lektor: Annelie Kaduk
Gesamtgestaltung: Wolfgang Geisler
Reproduktionsvorlagen: Jürgen Graetz, Berlin
Lichtsatz:
INTERDRUCK Graphischer Großbetrieb Leipzig – III/18/97
Reproduktionen:
Druckerei Völkerfreundschaft, Dresden
Druck: H. F. JÜTTE (VOB), Leipzig
Buchbinderische Verarbeitung:
VOB Kunst- und Verlagsbuchbinderei
Bestellnummer: 695 604 0
02650

Mongolia